홀로
　더불어

홀로 더불어

초판 1쇄 발행 2025. 1. 21.

지은이 김영순, 이인주, 김태완, 백선진, 이승아, 김민아, 남창희, 홍성근
펴낸이 김병호
펴낸곳 주식회사 바른북스

편집진행 황금주
디자인 양헌경

등록 2019년 4월 3일 제2019-000040호
주소 서울시 성동구 연무장5길 9-16, 301호 (성수동2가, 블루스톤타워)
대표전화 070-7857-9719 | **경영지원** 02-3409-9719 | **팩스** 070-7610-9820

•바른북스는 여러분의 다양한 아이디어와 원고 투고를 설레는 마음으로 기다리고 있습니다.

이메일 barunbooks21@naver.com | **원고투고** barunbooks21@naver.com
홈페이지 www.barunbooks.com | **공식 블로그** blog.naver.com/barunbooks7
공식 포스트 post.naver.com/barunbooks7 | **페이스북** facebook.com/barunbooks7

ⓒ 김영순, 이인주, 김태완, 백선진, 이승아, 김민아, 남창희, 홍성근, 2025
ISBN 979-11-7263-931-0 03810

•파본이나 잘못된 책은 구입하신 곳에서 교환해드립니다.
•이 책은 저작권법에 따라 보호를 받는 저작물이므로 무단전재 및 복제를 금지하며,
이 책 내용의 전부 및 일부를 이용하려면 반드시 저작권자와 도서출판 바른북스의 서면동의를 받아야 합니다.

홀로
더불어

김영순 이인주 김태완 백선진
이승아 김민아 남창희 홍성근
지음

홀로 읽고 더불어 깨닫는
내서 책방 이야기

바른북스

읽고 말하고 듣고 그리고 쓰다,
홀로 더불어

"홀로 더불어"는 내서중학교 교직원 책 모임의 이름이다. 줄여서 "홀더"라고 부른다. 책을 좋아하는 교사는 얼씨구나 하며 읽었던 책들 중에 함께 나눌 책을 추천하거나, 신간을 둘러보며 이 책 저 책 고르고, 아니면 미리 읽고 설렐 수도 있다. 허나 모든 교사가 책을 좋아하는 것은 아니다. 그런 분들의 한마디: "내 평생 읽을 책을 내서 있는 5년 동안(최대치: 근무기간은 상황에 따라 다르겠지만)에 다 읽는다.", "학교 옮길 때 책만 한 상자는 들고 나온다." 아무튼 간에 내서의 모든 교직원은 1학기 최소 3권 정도의 책을 함께 읽는다. 바쁜 3월을 지나, 4월쯤부터 1권씩, 야누시 코르차크의 《야누시 코르차크의 아이들》같은 교육 관련 책뿐 아니라 소설 《이토록 사소한 것들》, 시 《시를 잊은 당신에게》, 수필 《나의 아름다운 할머니》, 그리고 상황에 따라서는 만화 《마음밭에 무얼 심지?》, 혹은 그림책 《삶의 모든 색》등을 나누기도 한다.

홀로

왜 읽을까? 다양한 기질과 성격, 여러 다른 과목의 중등 교사들이 모여 있는 공동체에서 하나의 책을 읽고 함께 나누는 것이 쉬운 일은 아니다. 오랜 시간 지켜나가기 힘든 것일지도 모른다. 그리하여 한 번씩은 부딪치기도 했다. "전 소설 읽는 것은 시간이 아깝다고 생각합니다. 지금 삶을 살아가기도 바쁜데요."라는 한 선생님의 말에 온 선생님이 문학과 책에 대한 이야기를 한바탕 나누기도 했다. "강요 아닌가요?", "수준이 맞지 않아서…"라는 관리자를 만나기도 했다. 함께 나누는 것을 어색해하거나, 함께 모여 이야기를 나누는 것이 관리자의 중요한 소임이 아니라고 판단하여 잦은 출장과 개인 사정으로 모임을 스스로 거부하는 분들이 아쉽기도 했다. 일반적으로는 '종이책'이 주는 지식과 교양의 축적에 대한 동의가 있었다. 책을 읽는 것은 지성인다운 것이고, 아이들에게 책을 권하는 자리에 있는 교사라면 아이들에게 책 읽는 모습을 보여주는 것이 가장 좋은 방법일 터. 어느 교과가 되었건 간에 교과서 이외의 다양한 교양서적을 읽는 교사의 모습은 어찌 아름답지 아니한가? 교사의 책상 위에 교과서와 문제집만 있다면 얼마나 그 삶은 피폐하지 아니한가?

책을 읽는 시간은 오롯이 '홀로'이다. 고독하게 혼자 시간을 내어 읽어내야만 한다. 깊숙이 저자의 이야기에 빠져 들어가 하나의 책을 통과하고 나면 느껴지는 여러 감정들이 있다. 그 감정들이 자신의 문제, 한계, 질문에 반응한다.

더불어

왜 함께 읽을까? 함께 읽기는 약간의 압박이 있다. 혼자 읽는 책은 재미로, 또한 목적을 가지고 읽되 자신의 마음에 따라 언제든 그만두고 추후에 읽어도 되지만, 함께 읽기로 한 약속은 적어도 내게는 15% 정도(책에 따라, 개인에 따라 다르겠지만)의 압박으로 완독을 하게 하는 힘이 있다. 다 읽은 뿌듯함을 혼자가 아니라 함께 느낄 때 기쁨도 더욱 컸다. 혼자 읽다가 막히면 가끔 교무실 안에서 낭독이 이어지기도 한다. 체코 작가 보후밀 흐라발의 책 《너무 시끄러운 고독》을 읽을 때는 혼자서 도저히 무슨 말인지 모르다가, 누군가 소리 내어 들려주자 희한하게도 이해가 되기도 했다. 귀로 들을 때 느껴지는 감각은 또한 눈으로 읽을 때와 달리 그렇게 신비로웠다.

함께 읽기는 혼자 책을 읽고 나서 느껴지는 여러 감정들을 다른 이들과 나누는 시간이다. 읽기가 주어진 텍스트를 읽어 내려가는 약간의 수동적 작업이라면, 함께 나누는 모임은 말하기와 듣기로 적극적이고 능동적인 행동을 요구한다. 함께 시간을 내어 그 나눔을 하는 것은 김장의 여러 재료들이 버무려져 다채로운 맛을 내는 것처럼, 혼자서 읽고 덮는 것보다 훨씬 확장된 울림이 있다. 마법과도 같이, 내 작고 얕은 시선으로만 보던 세계가 여러 사람의 이야기 속에서 한층 넓어지곤 한다. 또한 책은 그저 하나의 물성일 뿐, 그 책을 매개체로 결국은 나의 이야기를 하게 되고 상대의 이야기에 귀를 기울인다. 우리는 서로의 배경과 서로의 생각을 들으며 한 인간으로 더욱 다가가게 된다. 이런 시간이 쌓여 내서에서 함께 근무한 이들, 특히 오래 함께한 분들과의 인연은 깊어지기 마련이다.

혼자 오롯이 읽기, 그리고 읽은 것을 나누는 말하기 + 듣기의 시간을 넘어서 2024년에 시도한 '책 쓰는 선생님' 프로젝트. 함께 읽기의 압박보다 더한 함께 글쓰기는 산 넘어 산이다. 2023년에 떠나신 분들이 "휴, 다행이다."라고 하실지도 모른다. 앞에서 읽기가 15%의 압박이라면 쓰기는 85%의 압박이라고나 할까? 피할 수만 있다면 피하고 싶은 숙제 같다. 하지만 압박이 클수록 해내고 난 성취감은 더 큰 법. 어려운 도전과제를 온몸으로 살아낸 흔적이 책 1권 안에 오롯이 담겨 있다면 그 기쁨은 어이 형용하리. 산 하나를 넘어서니 온몸에 느껴지는 전율; 아, 살아냈구나(feat; 아, 써냈구나).

글쓰기는 정말 쉽지 않다. 일기도 아니고, 낙서도 아니고, 뭔가를 쓰고 싶다는 생각이 떠올라도 막상 펜을 쥐고 앉아 쓰려 하면 단숨에 '글'다운 글이 써지지 않는다. 읽기도, 말하기도, 듣기도, 쓰기도 모두 꾸준함을 요구한다. 이해가 되지 않았던 마태복음의 한 구절, "가진 자는 더 가질 것이요, 가지지 못한 자는 더 가지지 못할 것이다."라는 성경 구절이 여기선 딱 들어맞는다. 더 읽을수록, 더 말할수록, 더 쓸수록 더 잘하게 되지 않는가(적극적 경청은 기술과 훈련을 요구하는 덕목이라 예외라고 친다면).

우리에게 '마감 기한'을 주어 쓰도록 하는, 쓸 수밖에 없게 하는, 결국은 끝맺음을 하게 만드는 이번 프로젝트를 감사히 여기며, 함께 이 작업에 임하는 모든 분께 경의를 표한다. 이 학교라는 공간에서 함께 읽고, 나의 이야기를 말하고, 서로의 이야기를 듣고, 그것에서 나온 나의 생각을 쓸 수 있어 참으로 기쁜 시간이다. 우리가 읽고 쓰고 말하고 듣는 시간은 결국 우리의 삶이다. 홀로 또한 더불어.

내서중학교 홀더 담당교사 이승아

차례

읽고 말하고 듣고 그리고 쓰다,
홀로 더불어

홀로

김영순

《야누시 코르차크의 아이들》을 읽고 ·· 17
《경쟁 교육은 야만이다》를 읽고 ·· 20
《혁신학교 2.0(혁신학교를 넘어 학교혁신으로)》을 읽고 ········· 23
《희랍어 시간》을 읽고 ·· 26
《작별하지 않는다》를 읽고 ·· 29
《너무 시끄러운 고독》을 읽고 ··· 32
《맡겨진 소녀(foster)》를 읽고 ·· 35

이인주

미치 앨봄, 《모리와 함께한 화요일》	39
어니스트 헤밍웨이, 《노인과 바다》 - 삶에 대한 장엄한 찬사	42
아니타 무르자니, 《그리고 모든 것이 변했다》	45
최원형, 《사계절 기억책》	49
한강, 《작별하지 않는다》	53
알랭 드 보통, 《영혼의 미술관》	59
성석제, 《농담하는 카메라》	65
존 듀이, 《흥미와 노력 그 교육적 의의》 - 몰입의 기쁨이 있는 학습공동체를 꿈꾸며	68

김태완

《혁신학교 2.0(혁신학교를 넘어 학교혁신으로)》	73
《작별하지 않는다》	76
《이처럼 사소한 것들》	78
《꽃들에게 희망을》	80

백선진

《꽃들에게 희망을》 - 더 나은 삶, 진정한 혁명	83
《여름을 한 입 베어 물었더니》	86
《이처럼 사소한 것들》	92
《빨강 머리 앤》	96

이승아

아름다운 나비가 될 너희들 - 《꽃들에게 희망을》을 읽고 ⋯⋯⋯⋯⋯ 101
누군가에게 따스한 손길 하나 건넬 수 있다면
- 《맡겨진 소녀(foster)》를 읽고 ⋯⋯⋯⋯⋯⋯⋯⋯⋯⋯⋯⋯⋯⋯ 105
우리 함께 아프다; 우리는 작별하지 않는다
- 《작별하지 않는다》를 읽고 ⋯⋯⋯⋯⋯⋯⋯⋯⋯⋯⋯⋯⋯⋯⋯⋯ 110
전쟁의 상흔을 듣고 일어서기 - 《몽실언니》를 읽고 ⋯⋯⋯⋯⋯ 113
그 가을, 참 빛나는 순간 하나
- 《회색인간》의 저자 김동식 작가와의 만남 ⋯⋯⋯⋯⋯⋯⋯⋯⋯ 116

김민아

《꽃들에게 희망을》을 읽고 ⋯⋯⋯⋯⋯⋯⋯⋯⋯⋯⋯⋯⋯⋯⋯⋯⋯ 121
《학생 자치는 미래 교육의 오래된 씨앗》을 읽고 ⋯⋯⋯⋯⋯⋯ 124
《나의 봄날인 너에게》를 읽고 ⋯⋯⋯⋯⋯⋯⋯⋯⋯⋯⋯⋯⋯⋯⋯ 132

남창희

《꽃들에게 희망을》을 읽고 ⋯⋯⋯⋯⋯⋯⋯⋯⋯⋯⋯⋯⋯⋯⋯⋯⋯ 137
《작별하지 않는다》를 읽고 ⋯⋯⋯⋯⋯⋯⋯⋯⋯⋯⋯⋯⋯⋯⋯⋯ 140
《교실 속 자존감》을 읽고 ⋯⋯⋯⋯⋯⋯⋯⋯⋯⋯⋯⋯⋯⋯⋯⋯⋯ 143

홍성근

《작별하지 않는다》를 읽고… ·· 147
역사교사로서 읽은 《홍길동전》 ··· 150
2024년 수능 날, 그리고 이상 기온, 기후 변화의 경고 ·········· 153
존 듀이, 《경험과 교육》 ·· 158

더불어

《교실 속 자존감》 ·· 164
《이토록 사소한 것들》 ·· 176
《학생 자치는 미래 교육의 오래된 씨앗》 ······························ 189
《작별하지 않는다》 ··· 217

홀로

소리에 놀라지 않는 사자와 같이
그물에 걸리지 않는 바람과 같이
흙탕물에 더럽히지 않는
연꽃과 같이
무소의 뿔처럼 혼자서 가라.

- 숫타니파타 중에서 -

김영순

하늘의 별을 품고
땅의 노래를 들으며
새로이 길을 나선다

《야누시 코르차크의 아이들》을 읽고

저자: 야누시 코르차크
엮은이: 샌드로 조지프

> 신이여, 아이들을 가장 편한 길이 아니라 가장 아름다운 길로 이끌어 주십시오.

이 책은 저자가 야누시 코르차크의 생애와 업적을 기록한 책이다. 작년 5월 홀더 책 모임에서 한 번 읽고 토론을 했던 책이라 가벼운 마음으로 다시 읽어보고파 책꽂이에서 꺼내둔 책이었다. 얇고 작은 책이지만 온 우주의 아이들을 위한 교육 지침을 담고 있는 엄청난 책임을 다시금 느껴보았다. 이 책은 크게 4장으로 나누어져 아이들을 어떻게 사랑할 것인가, 야누시 코르차크의 아이들, 코르차크의 삶과 죽음, 코르차크의 고별 인사말로 나뉘어 있다.
저자뿐만 아니라 모든 교육자들, 세상의 모든 부모들에게 독보적 교육자로 존재감을 인정받은 실천적 행동가에 대한 기록이자 아이들의 마음속을 여행할 수 있는 안내자로서, 우리 안에 잠들어 있던 아이를 다시 일깨워 주는 사람임을 한 번 더 증명해 주는 책으로 생각된다. 퇴직을 앞두고 이제 내 인생에 다시 교단에 서서 아이들과 조우하는 일은 없을 테니 나를 되돌아보고 성찰하는 자기 평가서를 기록하는 마음으로 한 줄 한 줄 정성을 기울여 읽었던 것 같다.

왜 인간은 이렇듯 어리석은 걸까? 되돌릴 수 없이 세월이 흐른 뒤, 아니면 상황이 종료될 즈음에서야 무릎을 내리치며 깨우치거나 후회하게 된다. 나 역시 진심으로 아이들을 이렇듯 온전하게 완전히 자연의 순수함으로 마주한 적이 있었던가? 나의 편견과 고집과 불통의 철학으로 성급히 아이들을 평가하고 억압하고 강요하며 무시하지는 않았던가? 숱한 질문들을 스스로에게 던지며 책을 읽으면서 되돌아본다. 이미 너무 늦어버린 이 순간에…

두 번째 장에서 감명 깊게 와닿은 몇 구절을 옮겨 적어본다. 아이들은 미래의 희망으로만 존재하는 것이 아니라 지금 현재 여기에 이미 존재하고 있는 것이다. 노인의 주름진 이마만큼 아이의 반짝이는 눈도 소중하며 의사는 아이의 병을 낫게 할 수 있지만 교육자는 아이의 영혼을 빚는 조각가가 될 수 있다는 걸 알아야 한다고. 세상에서 가장 끔찍한 일은 아이가 아버지, 어머니, 선생님을 겁내는 것이며 아이들은 지성으로 사고하지 않고 감정으로 사고한다는 사실을 일깨워 주었다. "아이들을 가장 편한 길이 아니라 가장 아름다운 길로 이끌어 주십시오."라는 야누시 코르차크의 아이들을 보는 남다른 따뜻한 시선이 묻어나는 주옥같은 명언들이다.

　세 번째 장에는 야누시 코르차크의 삶과 사랑, 죽음에 대해 기록되어 있다. 의사, 작가, 교육자, 철학자, 위대한 인도주의자로서의 야누시 코르차크가 다양한 분야에서 이룬 성공 업적과 삶의 신념이 그려진다. 책임감으로 행한 죽음에의 행진은 전설처럼 후대에 회자되고 있다. 200명의 아이들과 당당하게 가스실로 가는 길을 선택한 그의 신념은 아이들을 버릴 수 없는 당연한 선택이 우리 일반인들에게는 특별한 것으로 받아들여지는 오류를 범할 수도 있다고 본다. 이 장에서는 그의 죽음만큼이나 그의 삶 또한 눈부시고 영웅적이었음을 묘사하고 있다. 러시아 전쟁 참전, 고아원 설립, 병원 의사, 작가로의 출판, 작은 평론이라는 주간지 창간 등 누구보다 열정적으로 살아온 발자취들이 그려진다. 정신병의 유전에 대한 공포심과 성장기의 우울감에 오히려 그는 맑은 정신으로 선택적 죽음을 할 수 있었음에 행복했을 수도 있다는 생각을 혼자 해보았다. 죽음 앞에 비굴해지지 않았고 도망가지 않았으며 부모가 자식을 죽음 앞에서 버리지 않듯이 당연한 선택으로 아이들과 한 줌의 재가 되는 것을 두려워하지 않았던 것이다. 그가 위대한 이유는 순교적 죽음 때문이 아니라 겸허하면서 한량없는 아이들에 대한 깊은 사랑 때문일 것이다.

《경쟁 교육은 야만이다》를 읽고

저자 : 김누리

창의 융합실에 들렀다가 독서 전시대에 꽂혀 있는 이 책장을 우연히 넘겨보게 되었다.

세계에서 가장 우울한 나라, 대한민국. 그 원인은 교육이다.

에누리 없이 서슬 퍼런 칼날을 첫 장부터… 아니 제목에서부터 망나니 칼춤 추듯 휘두르며 학교 현실을 냉엄하게 한마디로 일갈하는 작가의 무엄하고, 겁 없는 어휘에 나도 모르게 속 후련함으로 매혹 당해 버렸다. 근래 우리 학교 분위기가 학교 정기고사의 횟수나 수행 비율에 대해 여러 가지 이의를 제기하시는 분들이 있기도 하고, 평가 업무 담당자이자 선택형 지필고사 없이 수행평가 100%(서술형

40% 포함)로 성적을 산출하는 입장이다 보니 나름의 논리와 근거를 찾아, 그리고 합리적 명분을 얻기 위해 책 뒷장의 정답지를 미리 훔쳐보는 느낌으로 책을 대출하게 되었다.

제목부터 뇌리에 강하게 각인된다.《경쟁 교육은 야만이다》라는 연역적 결말에서 출발해 여러 문제점들과 사회적 병리 현상들을 나열하는 날 선, 기존 제도에 대한 비판적 시선들이 불편했던 혹자들은 이 책을 철저히 좌파적 사고로 무장된 작가가 편파적 시선으로 쓴, 읽을 가치도 없는 책이라고 일갈했지만 나는 답을 찾고 싶었다. 작가는 교실이 민주주의의 묘판이라고 표현했으며, 민주 시민 양성의 장소인 교실이 경쟁의 공간이 되고, 경쟁이 유발하는 분노와 분노가 유발하는 폭력성이 핵융합 같은 연쇄 효과로 증폭되는 사회문제를 야기하였으며, 이웃과 친구를 불신하고 공포의 대상으로 여겨야 하는 불안한 사회구조를 만들었다고 보았다. 공감한다. 묘판이 썩었음을, 절절하게. 어느 지점에서 무엇을 수정해야 아니, 단절해야 이 광풍을, 이 비극을 멈출 수 있을지…

한국은 말 그대로 초경쟁사회이다. 살인적 경쟁에 내몰려 매년 300명 이상의 청소년들이 자살하고 있지만 그것을 당연시 여기고 해결책을 찾으려 노력하지 않는, 아니 답을 알면서도 시정하지 않은 국가. 진화론석 관섬에서 적사생존, 자연도태의 원리가 그대로 적용되는 야생의 정글 모습이다. 세계 최고의 불평등국가이면서 불평등을 가장 사랑하는 나라라고 저자는 표현했다. 평등 지향적 나라가 가장 불평등국가가 되어버리는 아이러니. 그런 경쟁 교육을 부추기며 강요하는 대입제도와 그걸 앞세워 오지선다형 문제에서 암기된 기억을 떠올려 답을 찾아내는 평가 방식이 최선이라 생각하는 조직과 관리자들.

사회 전반에 광범위하게 녹아 있는 경쟁을 부추기는 제도와 악습들을 일일이 논하기는 어렵지만, 또 이 책의 내용 구석구석에 전적인 동의는 어렵지만 독서를 통해 스스로 사유하는 힘을 기르는 일, 교과시간에 스스로 답을 찾아 공부하고, 자신의 생각을 풀어내는 힘과 능력을 성장시켜 가는 것이 진실로 안다는 것이라는 걸… 나의 질문에 대한 답은 찾은 듯하다.

분석하라, 설명하라, 평가하라! 사고능력을 측정하는 '아비투어'라는 독일 고등학교 졸업시험을 보면서 현재 내서의 평가 방향에 대한 일말의 긍정적 응원과 격려를 받은 듯 뿌듯해지는 순간을 맛보았다.

《혁신학교 2.0(혁신학교를 넘어 학교혁신으로)》을 읽고

저자 : 박일관

지인 선생님의 추천으로 작가를 알게 됨과 동시에, 초청해서 강연을 듣고, 책을 사서 읽는 일련의 과정들이 물 흐르듯, 자연스럽게 진행되었다. 여러모로 어수선한 학교 상황의 원인을 짚어보고, 놓치고 있거나 서로 간의 몰이해에서 비롯된 갈등 포인트를 찾아 같이 풀어나가야 할 모범 답안이자 해설서 같은 책을 찾은 듯하다. 한 챕터, 한 문장마다 공감을 넘어 소름이 돋을 정도로 현실적 갈등 상황과 맞아떨어진다. 좀 더 일찍 이 글을 교원들과 공유하고 토론하면서 귀결점을 같이 찾았더라면 하는 생각이 들기도 하지만 어쩌면 이 글 속의 내용들이 누구에겐 공감되지도, 수용되지도 않는 개인적 신념이며, 현실성 없는 개똥철학, 더하면 황당한 쇼로 보일 수도 있겠다는 생각이 들기도 한다. 이견 없이 끄덕끄덕 마음에 와닿은 글

귀들을 메모하면서 읽어 내렸다. 균열과 갈등으로 거북 등처럼 턱턱 갈라진 내서의 가문 대지에 단비 같은 책이다. 많이 위로받는 책이었다.

혁신학교는 대안학교가 아니다(혹자는 내서를 공립 대안학교라 칭했다). 대안학교가 추구하는 다양한 가치를 존중하나 대안학교처럼 공교육 밖에서 '대안'을 추구하는 것이 아니다. 찬바람을 오롯이 견뎌내며 선두에 선 길잡이 기러기처럼 학교혁신과 공교육 정상화 프로젝트의 선두에서 변화의 흐름을 만드는 학교인 것이다. 내서는 공교육이라는 프레임 안에서 변화를 두려워하지 않고 홀로 당당히 설 수 있도록 배려하고, 서로 공감하는 사람과 미래를 지향하는 큰 시야를 가지고, 아이들이 스스로의 행복을 찾아 긴 여정을 나설 수 있도록 교육하는 출발점에 있는 학교라는 걸 이 책을 읽으며 확신한다.

혁신학교는 소통과 협력의 문화가 살아나고 배움이 일어나며 구성원 모두가 행복하다고 느끼는 학교이다. 왜 변화해야 하는지, 무엇을 바꾸어야 하는지, 어떻게 바꿀지를 전적으로 학교 구성원들의 집단지성을 관리자는 믿고 맡겨야 하는 체제이다. 어떤 권위도, 강압도, 지시도 혁신으로 나아가는 방해 요소일 뿐이며, 구성원 간의 인간 존중 이념이 기본 정서로 깔려 있어야 한다고 보인다.

문득 기술가정 교과서 112쪽에 실린 모소대나무 이야기가 생각난다. 중국 극동지방에서 생육되는 희귀종 대나무인데 싹이 난 지 4년 동안 전혀 자라지 않다가 5년째부터 폭발적으로 성장해 울창한 숲을 이루는 대나무이다. 농부들이 묵묵히 물과 영양분을 주면서 믿고 기다리듯이 혁신학교를 보는 시선들도 눈앞의 가시적인 결과가 아닌 훗날의 성장과 결과에 대한 확신을 가지고 인내해야 한다고 본다. 우선은 부족해 보이고 불안할지라도 학생, 학부형, 교사 모두 내면의 성장과 미래를 살아내는 힘이 분명히 자라고 있음을, 견고하게 비축하고 있음을 믿는 것이 중요하다고 본다. 열정의 차이, 방법의 차이, 생각의 차이는 분명 존재한다고 작가는 말했다.

관리자나 교사가 경쟁과 효율을 앞세운 보수적 사고의 소유자일 수도 있고, 협력과 공동체의 가치를 학교 교육 철학으로 도입해 방향을 수정하고자 하는 이가 있을 수도 있다. 생각의 차이가 서로 부딪치기도 하고 파열음을 내지만 궁극엔 아이들이 행복하고 성장할 수 있는가 하는 아이들을 중심에 놓고 사고하면 조금씩 이견이 좁혀지는 결과를 반드시 얻어낼 수 있다고 확신한다. 어느 조직이든 감내하고 극복해야 하는 소소한 차이일 뿐이라고.

작가의 또 다른 글 중에 가장 와닿은 문장을 적어본다. 거창하지도, 화려하지도, 어렵지도 않은, 그러나 큰 외침, 사자후로 느껴지는 문장이다.

> 가고 싶은 학교, 따뜻한 학교, 행복한 학교는 관계가 따뜻한 학교이다. 학교 안 구성원들 간의 소통과 신뢰, 상호 존중이야말로 학교혁신의 출발점이며 혁신학교 모든 것의 기초였고 출발점이었다.

《희랍어 시간》을 읽고

작가 : 한강

2016년에 읽었던 책이다. 작가의 노벨상 수상을 계기로 책장을 뒤져 누렇게 빛바랜 책을 찾아 먼지를 털었다. 가진 것 없는, 앞으로도 행복할 것 같지 않은 두 주인공을 두고 이토록 아름다운 문체로 사랑을 묘사하다니…

> 간절히 구할수록 그것을 거꾸로 행하는 신이 있는 것처럼. 신음이 나오지 않았으므로 그녀는 더 고요해졌다. 피도 고름도 눈에서 흐르지 않았다.

8년의 세월이 흘렀지만 또다시 단단히 비극에 젖어들 각오를 하고 다시 읽어 내렸다. 출생의 불완전함에 삶을 지배당하고 이혼과 양육권 박탈의 충격으로 실어증에 걸린 여자. 소리쳐 외치지 못하는 마음속 소리들을 신음으로 삼키고 울음으로 삼킨 여자. 그래서 말을 잃어가는 여자의 침묵.

너무 밝으면 잘 보기 어려운 남자. 손톱만큼씩 줄어드는 빛, 결국에는 사라지는 빛, 그래서 어둠만이 존재할 삶을 가진 남자.

이렇게 소설은 시력을 잃어가는 희랍어 강사와 말하는 능력을 잃은 희랍어를 배우는 여자에 대한 이야기이다. 주로 두 주인공의 삶의 과정들이 무채색 그림처럼 전개되고 있다. 책의 서두에 "*우리 사이에 칼이 있었네.*"라는 보르헤스의 묘비명이 나온다. 한 남자와 한 여자가 한 침상에서 보낸 첫 밤이자 마지막 밤. 그 사이에 놓인 장검. 이 문장의 의미가 궁금했다. 인간과 인간 사이에 놓인 서슬 퍼런 칼날. 두 주인공의 운명이 넘어설 수 없는 경계선으로 장검이 와 닿았다. 주인공들의 침묵과 어둠의 상처가 책의 말미에 도달할 즈음에 말을 주고받지 않지만 몸짓과 눈빛을 통해 자신과 많이 닮은 서로를 알아가고 교감을 나누게 된다. 낯선 언어 희랍어를 통해 다시 말을 찾으려는 여자와 그 여자의 말을 느끼기 위해 오감을 곤두세우는 남자의 운명적 만남이 작은 새를 통해 이루어진다.

17장 〈어둠〉에서 작은 박새가 등장하는데 길을 잃어 건물 안으로 들어온 이런 새가 더 깊은 어둠 속으로 숨어들었을 때 주인공 두 남녀가 가장 가까운 거리에서 서로의 숨소리와 체취를 느끼고 남자는 희미한 시력으로 여자의 귀밑으로 흘러내린 섬세한 머리카락을 보게 된다. 관심과 사랑을 처음 느끼는 대목이다. 새를 매개로 남녀가 조우하게 되고, 책의 말미에 처음이자 마지막으로 둘은 침상에 눕게 된다. 사랑을 하게 되는 것이다. 사랑의 시작이면서 사랑의 끝이 되는 만남이 소설의 끝이 된다. 소설은 수려한 문체로 조곤조곤하게, 귀를 기울여야 들을 수 있는 목소리로 내레이션하듯 두 사람의 비극적 운명을 시처럼 읊조린다. 그러고는 어둠과 침묵의 세계로 들어간다.

《작별하지 않는다》를 읽고

작가 : 한강

쉽게 읽히지 않았던 책이었다. 둥치가 잘린 죽은 나무, 눈보라, 그리고 새, 은유와 복선, 판타지까지, 그것들의 의미를 찾아 마치 연쇄살인범을 추적하는 수사관처럼 연관성을 찾고 상징성을 부여하면서 난독증을 앓는 사람이 한 단어, 한 문장에 사진을 찍듯이 메모를 하면서 힘들게 읽어 내렸다. 한강의 소설은 어둡고, 무겁고, 때로는 고통스럽다. 분노와 절망에 몇 번이나 책을 덮어야 한다. 죽임당한 자의 가슴에서 뿜어져 나오는 피비린내가 진동하여 물 한 모금 마시기 어렵다. 사건의 수레바퀴에 깔려 바스러진 시람들의 값없는 죽음 앞에서 인간의 무력함을 느낀다. 인간의 잔혹함, 사악함에 지레 몸속 피가 마를 지경이다.

한강은 사랑에 관한 글을 쓰고 싶었다고 이 책에 대해 회고한 적이 있었다. 역사적 사실을 모티브로 한 여러 건의 학살 사건과 이 책의 서사인 4·3 사건조차 고통스러운 참혹함을 너무도 수려한 필체로 아름답고 담담하게 묘사한다. 사랑이라는 큰 물줄기로 피비린내음 장면들을 인간 본연의 사랑으로 감싸안고 보듬고 있었던 것이다.

첫 장 첫 소절은 경아의 꿈으로 시작되었다. 그 꿈은 너무도 섬뜩하고 불길했다. 바다에 잠겨가는 수천 그루의 굵기가 다른 검은 통나무들이 등장한다. 밀려드는 바닷물에 묘비가 잠겨가고, 뼛조각이 쓸려나가도 아무것도 할 수 없는 주인공 경아의 무력한 심리상태와 현실을 보여주는 장면이었다.

먹물 입힌 통나무를 주제로 진혼의 다큐멘터리를 제작하려는 친구 인선은 통나무를 자르려다 손가락이 잘려 봉합 수술을 받고 입원 중이다. 인선의 투병 과정에서 끊임없이 바늘로 수술 부위를 찔러 피를 내는 과정은 고통스러운 역사적 사실을 직시하고 잊지 않으려는 과정을 은유한다고 보았다. 경아가 인선의 부탁으로 앵무새를 살리기 위해 눈보라 치는 제주도로 가는 여정과 이미 죽은 앵무새를 묻어주는 과정에서 새털처럼 가벼운 죽음조차 존중되어야 하고, 살아남은 자가 응당 갚아야 할 부채감으로서 결코 작별할 수 없는 인류애적 사랑을 느꼈다. 인선의 손가락 절단을 통해 보여주는 치유 과정의 고통은 견뎌내기에 너무도 처절한 과정이지만 두 눈 부릅뜨고 이겨내고, 직면해야 하는 작별할 수 없는 우리 모두의 상처라고 보였다.

판타지와 꿈. 그리고 현실이 혼재된 2부에서는 4·3 사건에 고스란히 노출된 인선의 가족사에 대한 기록이 주류를 이루는데, 사건에 휘말렸지만 목격자인 인선 아버지의 삶의 궤적과 생존자 인선 어머니의 오빠를 찾아가는 긴 세월의 여정에 기록물과 신문 기사, 제주도 방언의 증언들로 채워져 있었다. 경아가 흘리듯 내뱉은 다큐멘터리 작업에 인선이 집요하게 매달려 혼자 준비할 수밖에 없었던 비극적 가족사가 흑백영화처럼 묘사되며 허깨비처럼 살아 있지만 유령이 된 사람들의 삶이 그려졌다. 새털처럼 가벼운 존재 앵무새를 구하러 눈보라 치는 제주도 여정을 감당하는 경아의 사랑, 어딘가 살아 있을 오빠를 찾아 헤매는 인선 엄마의 가족 사랑, 치매 걸린 엄마를 간병하면서 원통한 죽임을 당한 이웃들의 진혼을 위한 다큐를 준비하는 인선의 인류애적 사랑이 소설 속에 눈보라처럼 휘몰아치고 있었다.

《너무 시끄러운 고독》을 읽고

저자 : 보흐밀 흐라발

주인공인 폐지 압축공 한탸의 35년과 나의 교직 생활 39년! 한 직업에 종사하기에는 미련할 정도로 긴 세월이다.

"태양만이 흑점을 지닐 권리가 있다." 책의 서두에 적힌 니체의 어록이다. 흑점이 상징하는 바가 무엇일까를 찾아보니 태양이 가장 활발할 때 온도가 낮은 지점이 검게 보이는 현상이며, 여기서는 사회에서 격리되고, 도태된 한탸의 고독을 상징한다고 보았다. 퇴직을 몇 달 앞두고 다시 책장을 넘겨보며 새로운 감동과 공감의 시선으로 나의 교직에서의 흑점을 찾는 마음으로 책장을 열었다.

"나는 맑은 샘물과 고인 물이 가득한 항아리여서 조금만 몸을 기울여도 근사한 생각의 물줄기가 흘러나온다." 컴컴한 지하실에서 35년간 책과 아니 쓰레기 폐지와 더불어 살아온 주인공은 폐지에서 얻은 잡다한 지식들을 이렇게 표현했다. 그런 지식들이 주는 번민과 사유는 미처 외로울 틈도 없는 시끄러운 고독과 한 병의 맥주와 더불어 그것들을 즐기는 자아를 만들어 낸다. 긴 세월 지하실 폐지 더미에서 주인공이 찾아낸 반짝이며 아름다운 창조물이 바로 그 흑점인 것이다. 스스로에게 소외된 이방인이 되어 엄청난 작업량에 체력이 소진되고 피로감이 밀려올 때면 쉴 새 없이 맥주를 마시고 명상하고 섬망을 즐긴다. 시끄러운 고독 속에 잠겨…

압축하는 책의 양이 많아질수록 주인공의 머릿속은 알리바바의 동굴처럼 깊어져 갔고 더럽고 오염된 강물 속에서 반짝이는 아름다운 물고기 같은 책들을 건져 자신만의 금과옥조의 유물을 만들어 내는 작업을 운명처럼 즐기고 있다.

"정치적 이유로 쓰레기로 전락하는 책들을 보면서 불행을 냉정하게 응시하고 감정을 다스릴 수 있는 힘을 키우면서 파괴행위에 깃든 아름다움을 이해하기 시작했다." 나는 이 구절이 맘에 와닿으면서도 현실과 타협하고 수용하지 않을 수 없었던 주인공의 슬프면서 담담한 심리를 절절히 느꼈다. 35년째 나는 내 꾸러미들을 절망적인 상황으로 몰아넣어 왔다며 담담한 어조로 주인공은 자신의 일을 자조했다.

집 안 구석구석 2톤의 희귀 책을 쌓아두고 죄책감과 불안에 악몽을 꾸고, 잊기 위해 취해 산다. 낡은 선로 변경 장치를 집 안에 설치한 철도원 외삼촌처럼, 퇴직 후 평생을 함께한 낡은 압축기를 사서 집 안 어딘가에 들이고 싶은 한탸. 문득 나는 무엇을 가지고 나갈 것인가? 잡다한 낙서와 해마다의 삶의 잔상이 어지럽게 휘갈겨진 일기문? 그리고 세월에 묻어 흘러가 버린 아이들 사진첩이 든 30권 남짓한 교무수첩인가? 아님 추억인가? 손가락 사이로 다 빠져나간 공기 같은 보람인가?

  사회는 변하고 발전한다. 새로운 직업이 나타나고 새로운 기계들이 만들어지고 누군가는 적응하고 누군가는 도태된다. 교육계 역시 거센 변화의 바람이 불어오고, 디지털 시대를 맞이하기 부담스러운 구세대들은 앞다투어 명예퇴직의 급물살에 몸을 싣는다. 어찌어찌 적응하고, 견뎌내면서 정년까지 맞이하고 보니 고물 압축기를 고수하고 어두운 지하실에서 낡은 방식으로 책더미를 압축하는 한탸의 모습에 내가 투영된다. 결국 나도 압축되는 책더미 속에 자신을 던져 넣었던 한탸처럼, 끝내 여기서 현재의 비극적 상황의 마지막을 보게 되는 것인가? 다만 35년이 주인공에게 주었던 혐오와 오욕, 편안함, 익숙함이 아니라 나의 39년은 도전하고, 변화하면서 끊임없이 나를 변화시켜 왔던 것이다. 그것이 나와 한탸의 세계가 달랐다고 생각한다.

《맡겨진 소녀(foster)》를 읽고

작가 : 클레어 키건

 하필이면 겸무수업으로 본교를 하루 비운 어느 날. 2년간 같이 근무하다 전출 가신 체육과 홍 선생님이 주인 없는 책상 위에 선물로 두고 가신 책이《맡겨진 소녀》이다.
 쓸쓸한 가을 들판을 고개 숙인 채 걸어가는 소녀의 뒷모습이 담긴 책 표지가 무척 인상적으로 다가왔는데 책을 읽기도 전에 여주인공 소녀가 한 떨기 구절초 느낌으로 외로운 존재임을 말하는 듯했다. 누구나 짧은 집중력으로 단숨에 읽어 내릴 수 있을 수채화 같은 책이라 생각된다. 키건 작품으로 이 책에 이어 읽은《이처럼 사소한 것들》또한 한 손에 잡히는 작은 그립감이 주는 심리적 편안함과 표현할 수 있는 최소의 언어만 남기는 덜어냄의 미학으로 쓰인 짧은 소설이다. 2권의 짧은 글들은 결코 가볍지 않은 주제와 깊은 울림으로 감동적으로 읽는 이의 마음을 적셔줄 것으로 확신한다.

《맡겨진 소녀》, 이 소설의 제목과 내용은 개인적으론 화석화된 나의 유년의 과거사를 끄집어내어 준 알라딘 램프이기도 했다. 나 역시 어린 시절 한 입, 한 손이라도 덜어내야 했던 궁핍한 형편으로 기억도 나지 않는 지방에 살고 계시던 큰아버지 댁에 2년간 맡겨졌다. 위로 삼 형제에 다섯째 출산을 앞둔 만삭의 엄마를 위해 넷째였던 내가… 다섯, 여섯 살의 어린아이가 집을 떠나 낯선 타지의 외딴집에서 며칠이 아닌 몇 년 동안 가족과 분리되어 살아왔다는 건 어떤 기억으로 성장 나이테에 각인되었을까? 얼마나 많은 날을 울면서 불안한 밤들을 보냈을까? 어떤 의미로든 요즘 정서로는 방임이요 아동학대인데 우리 부모님들은 아예 내 기억에 그 시절은 존재하지 않았던 시간처럼 무심하게 훗날 이야기했었다. 분리되어 유배된 2년의 세월이 나의 정서나 성격에 분명 유의미한 어떤 영향을 주었다고 확신한다. 긍정적이든, 부정적이든, 그 시절 내가 경험했던 두려움과 불안, 외로움은 어쨌든 지금의 나를 존재하게 한 내 인생 모자이크의 몇 조각으론 분명 남아 있을 터인데.

소설의 주인공 소녀 역시 나처럼 태어나서 부모나 가족으로부터 그 어떤 사랑과 관심을 받아본 적 없으며 어려운 가정형편 탓에 이웃 친척에게 몇 달간 맡겨진 아이였다. 나의 경우와는 상반되게 집에서의 방임과 결핍을 수양부모(foster)로부터는 조건 없이 사랑으로 채우는 운이 좋은 소녀라고 본다. 경험한 적 없는 세심하고 사려 깊은 관심을 넘치게 받았고, 소녀의 심성 또한 사랑 받기에 충분한 아이였다. 해야 할 말은 많지만 필요한 말만 하는 아이로, 입 다물기 딱 좋은 기회를 놓쳐 많은 것을 잃는 사람들이 너무나도 많다는 것을 킨셀라 부부를 통해 배우고 소녀 역시 필요한 말만 할 줄 아는 분별력을 지닌 현명함이 있었다.

　아무 말도 하지 않는 것의 중요함을 작가는 주인공들을 통해 메시지로 전달하고 있으며 작가 또한 이 글에서 불필요한 말들을 걸어 내면서 말하지 않음과 남에게 상처를 주는 조심성 없는 말의 위험성을 그려 보이고 있다. 그러나 필요한 말은 해야 한다. 마지막 장면에서 감동을 주는 소녀의 "아빠."라는 외침(말)은 부모와 자식 간의 공감, 사랑, 교감, 연대를 상징하는 언어라고 생각되며 자신의 목소리를 찾은 소녀의 당당한 자신감, 용기 있는 의사 표현, 완벽한 교감처럼 느껴졌다.

　이 책을 교무실 선생님들과 릴레이로 돌려가며 읽었고, 떨칠 수 없는 여운에 영화로 다시 감상하기도 했다. 소설책과는 매우 상반되는 영화 포스터가 인상적이었다. 마치 《맡겨진 소녀》 속편을 보는 듯, 킨셀라 부부가 사 준 노란색 면 원피스를 입고 활짝 웃으며 정면으로 달려오는 사진이었다. 소설은 맡겨지기 이전의 소녀의 외롭고 어두운 내면 심리를 표현한 듯했고, 영화 포스터는 킨셀라 부부와 보낸 두 달 후 명랑해지고 단단해진 상한 내면의 소녀 심리를 보여주는 장면으로 느껴졌다.

이인주

가을 하늘 아래 들꽃처럼
세상의 아름다움과 더불어 살고 싶다

미치 앨봄, 《모리와 함께한 화요일》

　제힘으로 밥을 먹을 수도, 용변을 볼 수도 없는 루게릭병에 걸린 모리 교수가, 죽기 전 몇 달에 걸쳐 매주 화요일에 만나는 제자에게 남긴 말을 기록한 책이다.

　죽어가는 모리 교수는 남은 자기 생을 '위엄 있게, 용기 있게, 유머러스하게, 침착하게' 살기로 결정한다. 때때로 자기 연민에 빠지기도 하고 울기도 하지만 그는 그렇게 생을 마감한다.

　그것이 가능할까? 생명이 꺼져가는 그 순간까지 인간으로서의 품위를 잃지 않는 것이 가능할까? 극심한 고통 속에서 타인에게 주의를 집중할 수 있을까?

　모리 교수는 자기가 아프다는 사실을 온전히 받아들임으로써 그 아픔으로부터 거리를 확보한다. 다시 어린아이로 돌아가서 타인의 보살핌을 감사히 받아들인다. 점점 병이 깊어가지만 늘 남아 있는 좋은 것들에 그의 관심을 집중시킨다. 작별할 수 있는 시간이 있어서 그는 운이 좋다고 말한다. 세상에 대한 관심의 끈을 놓지 않고 자기가 줄 수 있는 것을 준다. 가장 무력한 순간에도 사랑이 그의 무력함을 구원한다. 그는 제자에게 어떻게 삶을 사랑해야 하는지 깨우쳐 준다.

인생을 허비하지 말고 자기를 사랑해 주는 사람들을 위해 인생을 바치라고 말한다. 인생에서 가장 중요한 것은 사랑을 나눠주는 법과 사랑을 받아들이는 법을 배우는 것이라고 말한다. 무조건적인 사랑으로 내가 줄 수 있는 것을 타인에게 줄 때 진정한 만족을 느낄 수 있다고 하였다. 내가 줄 수 있는 것은 물질적인 것이 아니라 시간과 관심과 이야기를 들어주는 것 등을 말한다. 자기 존재를 인정받고 싶어 하는 사람들에 대한 연민을 지니고 온전히 그와 함께하라고 하였다. 자기가 사랑하고 자기를 사랑하는 사람들과 작은 공동체를 만들어 스스로 새로운 문화를 만들라고 하였다. 감정을 속이지 말고 온전히 느끼라고 하였다.

그는 슬퍼하는 제자에게 "죽음은 생명이 끝나는 것이지, 관계가 끝나는 것은 아니다."라고 하였다. 사랑하고 존경했던 스승에 대한 추억으로 제자는 삶을 살아갈 용기를 얻고 올바른 방향으로 나아가고자 한다.

나는 이 책을 읽고 '완전 연소' 하는 삶의 아름다움에 대해 생각하였다. 그 어떤 찌꺼기도 남기지 않고 주어진 몫의 삶을 완벽하게 살아내기 위해서는 타인에 대한 존중과 주의 집중, 사랑이 있어야만 한다. 아무런 조건 없이 오로지 존재 그 자체에 몰두할 수 있을 때 우리는 완전한 사랑을 할 수 있다. 이기심을 채우기 위해 자기만 바라보는 인생은 물에 젖은 장작처럼 연기만 내뿜을 뿐 완전하게 타오를 수는 없다. 타인에 대한 온전한 사랑만이 내 인생을 온전히 사랑하는 방법일 것이다.

　타인과 나는 분리된 존재가 아니다. 우리는 서로 연결되어 있어서 나를 사랑하는 것이 타인을 사랑하는 것이고 타인을 사랑하는 것이 곧 나를 사랑하는 것이다. 너무나 어려운 경지처럼 보이지만 책 속의 모리 교수는 그런 삶을 살고 있다.

　모리 교수처럼 살기 위해서는 우선 나 자신의 삶을 바로 볼 수 있는 힘이 있어야 한다. 나를 충분히 느끼고 받아들이고 인정할 때 나를 넘어서서 다른 사람을 챙길 수 있는 힘이 생긴다. 자신의 결함이나 불행에 너무 많은 에너지를 소진하게 되면 나를 돌보는 것만으로도 벅차 타인의 삶을 전혀 돌보지 못하게 되고 외로움 속에서 지쳐 쓰러져 갈 것이다. 극한의 상황에서도 모리 교수가 생을 아름답게 마무리할 수 있었던 것은 자신의 삶에 대한 긍정과 받아들임 위에서 타인의 삶을 보살폈기 때문이다.

　주어진 나의 생을 인정하고 그 속에서 스스로 문화를 창조하며 주위 사람들과 더불어 살아갈 수 있다면 잘 마른 장작이 활활 타오르듯 나의 생도 아름답게 타오를 것이다. 그렇게 살아낸다면, 늙어간다고 해서, 죽음의 문턱을 넘어선다고 해서 아쉬울 것이 무엇이랴!

어니스트 헤밍웨이, 《노인과 바다》
– 삶에 대한 장엄한 찬사

노인의 눈빛은 투명하게 빛나고 바다를 사랑하고 자신의 삶을 사랑하고 착한 소년을 사랑한다. 노인은 늙었으나 늙지 않았다.

노인이 사랑하는 바다는 여인과 같은 부드러움과 아름다움과 신비로움이 있다. 노인은 85일 만에 거대한 청새치를 잡는다. 그는 그 청새치란 놈에 대해 상상하고 그의 의연함과 장엄함을 사랑한다. 청새치가 헤엄치고 있는 깊고 푸른 바다는 노인의 사랑이고 꿈이며 인생이다.

노인은 물고기를 잡는 과정에서 느끼는 자신의 고통에 지지 않으려고 애쓴다. 계속해서 자신에게 용기를 불어넣고 생각이 다른 데로 새지 않게 집중하며 고통을 이겨내려 애쓴다. 물고기와의 싸움이라기보다는 자신과의 싸움이다. "실패할 수는 있어도 패배할 수는 없다."라는 말은 삶에 대한 그의 진정성을 보여준다. 자신의 뱃머리에 잠시 앉은 작은 새에게 그가 건네는 "잠시 쉬었다가 네 갈 길을 꿋꿋이 가라."라는 말은 그 자신에게 하는 말이며 독자인 우리들에게 하는 말이다. 작가는 노인을 통하여 고통과 절망이 따르더라도 우리에게 주어진 삶을 묵묵히 인내하면서 의연하게 살아내라는 메시지를 전하고 있다.

어렵게 잡은 거대한 청새치가 상어 떼에게 다 뜯겨버릴 때 그는 물고기를 잡은 것이 혹시 죄가 아닌가 후회한다. 여기서 나는 그가 매우 겸손하고 인간적이라는 생각이 들었다. 자기가 이룬 성과에 도취되었다면 다정하고 따스한 연민의 마음을 품기 어려웠을 것이다.

노인은 바다를 자유롭게 헤엄쳐 다니던 청새치가 죽어서 상어들에게 이리 뜯기고 저리 뜯기고 마는 신세가 된 것을 안쓰러워한다. 일하는 순간에 최선을 다하고 몰두했으나 일이 끝난 후에 그 성과가 가져온 영광에 머무르기보다 한 걸음 물러서서 다른 존재의 처지를 생각하고 자신을 성찰하는 모습을 보며 삶의 위대성이 어디에 있는가를 알게 되었다.

집으로 돌아온 그는 그를 위해 눈물을 흘리는 어린 소년을 만난다. 세속적 가치에 물들지 않고 오로지 존재 그 자체만을 사랑하고 인정하고 염려하는, 빛나는 존재인 이 소년을 노인은 고기잡이 내내 그리워한다. 소년은 그의 고독한 삶을 따스하게 만들어 주는 한 줄기 빛과 같은 존재이다. 만약 이 소설의 처음과 끝에 소년이 등장하지 않았다면 소설은 건조하고 거칠고 쓸쓸했을 것이다.

  사랑이 있기에 세상은 따스하다. 존재에 대한 깊은 관찰과 집중, 인정과 그리움이 있기에 세상의 모든 이야기는 완성될 수 있는 것이리라.

  내게는 이 소설이 한 노인의 품격을 통해 우리 삶의 아름다움과 경이로움을 일깨우고 있는 듯하다.

아니타 무르자니, 《그리고 모든 것이 변했다》

저자는 임사체험에서 살아 돌아온 후, 4년간 앓았던 암으로부터 자유로워진다. 믿기지 않는 일이지만 실제로 일어난 일이라 한다. 그녀는 임사체험을 통해 장엄한 자아와 진정한 사랑에 대한 깨달음을 얻게 된다.

그녀는 우리가 다른 모두와 연결되어 있으며 우리 안에 신성이 있다고 말한다. 두려움과 에고에 머무르면서 우리 안의 신을 몰아냈고 이것이 우리를 병들게 한다고 말한다. 우리의 장임힘을 기억하고 빛과 사랑의 존재로 살게 되면 우리는 우리의 삶을 스스로 치유할 수 있다고 한다. 가장 중요한 것은 나 자신으로 사는 것이라 하였다.

존재한다는 이유만으로 나는 사랑받아 마땅한 존재라는 믿음이 내게는 있었던가? 너무도 많은 잣대로 나 스스로를 평가하며 얼마나 많이 위축되었던가? 순수하게 조건 없이 사랑한다는 것이 가능하기나 한가? 내가 어떠하든 무조건적으로 나를 허용할 때 나는 세상과 연결될 수 있을 것이다. 나의 부족함에 머물러 있는 한 그 어떤 찬란한 것도 발견할 수 없으리라. 세상이 마련한 잣대로 나를 판단하고 분별하며 그 기준을 넘어서지 못한다고 질책하고 좌절하는 것은 스스로를 버리는 것이다.

저자는 두려움 없이 나를 인정하고 사랑하라고 한다. 우리 자신은 거대한 우주 그물의 중심에 있다. 내 안으로 들어가 나에게 기쁨을 주는 일을 함으로써 진정한 행복에 도달할 수 있다고 한다. 내가 평화로우면 세상이 평화로워진다고 한다.

책을 읽으면서 삶에서 가장 중요한 일은 나의 내면을 보살피는 일이라는 것을 다시 한번 확인할 수 있었다.

나는 가끔 '명상', '산책', '음악 감상', '그림 그리기'를 하면서 나의 전 존재를 느낀다. 모든 감정들이 텅 비고 분별심이 사라지며, 있는 그대로의 나를 긍정하게 된다. '내세울 만한 특별한 것이 없어도 지금 이대로 괜찮다. 살아 있어서 감사하다.'라는 마음이 생긴다. 온몸에 따뜻한 기운이 감돌고 머리가 환해진다.

이렇게 '나'를 긍정하게 되면 신기하게도 내가 해야 할 일들이 떠오른다. 머뭇거리고 망설이던 일에 대한 결단이 서고 용기가 생긴다. 가야 할 길이 선명하게 드러난다. 답은 언제나 내 안에 있다.

날마다 이런 경지에서 살게 된다면 더할 수 없이 좋겠지만 대개는 주변 사람들의 시선과 미래에 대한 불안, 나의 미약함에 마음이 사로잡혀 허둥대기 일쑤다.

내가 나를 좀 더 정성스럽게 보살필 수 있다면 세상은 훨씬 더 나에게 우호적일 것이다.

> 삶이 바라는 대로 있는 그대로의 내 모습에 진실로 귀 기울이기 시작하면 그래서 우리를 움직이도록 만드는 감정을 섬세하게 느끼기 시작하면, 우리는 자신의 장엄한 영혼에 연결된다. 이 연결을 허용해 자기 힘을 되찾을 때 우리는 명료해지는 것을 느끼고 그리하여, 삶은 제 궤도에 들어선다.
> 자신의 장엄함을 깨닫고 우리의 진정한 본성인 사랑에 따라 살아갈 때, 우리는 동시성에 의해 자기에게 딱 맞는 선생이나, 책, 영적인 사상을 끌어당기게 된다.

'나를 완전하게 허용하기, 지금 이 순간에 온전히 몰입하기, 판단하지 말고 삶을 즐기기, 집착하지 않기, 조건 없이 나를 긍정하기' 등을 실천하고자 한다. 실패하더라도 가볍게 툭툭 딜고 일어서고자 한다. 살면서 우리는 어떤 종류의 좌절이든 만날 수밖에 없다. 그때마다 주저앉아 울면서 운명을 탓하고 세상을 탓하고 나를 탓하며 무겁게 가라앉을 수는 없다. 최악의 순간에도 분명 긍정적인 부분은 존재할 것이다. 어둠 속에서 빛을 상상하고 빛을 찾아내고 그 빛을 온몸으로 받아들여 마침내 내가 빛이 되고 싶다.

천국은 이미 내 안에 존재하고 축복은 소낙비처럼 내리는데 내가 나를 허용하지 못해 지극한 기쁨에 이르지 못한다면 억울한 일이다.

지금 이대로 모든 것이 완벽하다.

최원형, 《사계절 기억책》

내서로 가는 출근길마다 세상이 얼마나 경이로운 아름다움으로 가득 차 있는가를 느낀다. 산자락부터 시작되는 봄날의 연둣빛, 복숭아꽃의 황홀한 분홍빛, 폭우가 지나간 자리에 축복처럼 내리쬐는 햇빛, 샛노란 은행나무의 행렬, 눈 덮인 산마루… 날마다 달라지는 자연을 바라보며 출근하는 길은 내 안에 있던 이런저런 염려와 조바심을 가라앉히고 평화로움을 선사한다. 이 그림 같은 풍경 속에는 언제나 새들의 지저귐이 존재한다. 귀가 맑아지고 가슴이 열린다. 나는 아무 걱정 없이 하루를 시작한다. 행복하다. 그 순간에는 내가 처한 어떤 상황도 나를 압박하지 못한다.

다만 새를 조금 더 안다면, 나무를 조금 더 안다면, 그들의 소중함을 더욱 가슴 깊이 느끼고 더 큰 만족감을 느낄 수 있지 않을까 하는 생각을 종종 한다.

《사계절 기억책》은 우리가 흔히 접할 수 있는 식물과 동물에 대한 정보를 알려주는 책이다. 식물과 동물, 인간은 서로 연결되어 있으며 그 연결 고리가 끊어지게 되면 모두가 힘들어진다. 우리가 살아가는 세상의 다양한 동, 식물에 대한 관심이 필요하고 생명의 고리를 지키기 위한 노력이 필요하다.

'흑두루미'

흑두루미는 멸종위기 야생생물 Ⅱ급으로 생태계의 '우산종'이다. '우산종'은 특정 생태계 내 먹이사슬의 최상층에 있는 종으로 하위의 생물종까지 보존할 수 있을 때 지칭하는 종이다. 순천은 2018년 람사르 습지 도시로 선정되었는데 겨울에 가면 이곳 순천만에서 흑두루미가 50마리 내지 500마리가 떼 지어 나는 모습을 볼 수 있다고 한다. 머리 꼭대기에 붉은 반점을 지니고 약 100cm의 몸길이를 가진 이 새들이 V자로 날아가는 광경은 무아의 경지로 나를 인도하리라 상상한다. 이 장엄한 광경을 보기 위해 올겨울에는 꼭 순천만을 가보리라 결심한다.

'제비'

어린 날 우리들의 추억 속에 존재했던 새가 이제는 멸종위기 등급 관심 대상이라 한다. 새들이 사라지고 다른 생물들이 사라진다면 인간은 잘 살아남을 수 있을까?

힘을 가진 누군가가 많은 것을 탐낼 때 착취가 일어나고 자연은 파괴되고 사회적 불평등이 일어나며 조화로움이 깨어진다. 평범한 우리들이 적극적으로 자연을 파괴하는 것은 아니지만 우리의 무관심이 곧 우리 인류의 죄악으로 이어진다. 자연을 공부하고 그것을 지키려는 관심과 노력, 연대가 필요하다.

'큰 뒷부리도요'

1년에 이동 거리 3만km, 최장 거리 비행시간을 보유하고 있다. 3월 어느 날 호주와 뉴질랜드에서 날아오른 이 새는 일주일 동안 날아서 한국의 낙동강과 금강에서 한 달가량 휴식한 후 5월이 되면 알래스카로 떠난다. 알래스카에서 새끼를 친 이 새들은 9월이 되면 논스톱으로 1만 2천km를 날아서 다시 오세아니아 대륙으로 날아간다. 그 신비로운 여정에 한반도는 몹시 중요한 역할을 하고 있다. 생물다양성을 보존하고 환경이 오염되지 않아야 우리의 땅은 그 역할을 계속 충실히 해낼 수 있다. 세상은 그물망처럼 연결되어 있고 우리 인간의 삶은 그 그물망의 일부분일 뿐이다.

이윤의 극대화를 위한 인간의 탐욕이 다른 생물들의 생존을 위협하고 있다.

너무 잘 먹고 너무 편하게 살고자 하는 우리의 탐욕이 지구의 온도를 높이고 다른 생물들의 삶을 파괴하고 급기야 우리 자신의 몰락을 앞당기고 있다는 위기의식을 느낀다.

주의를 기울이지 않으면 생태계의 고리를 실감할 수 없다. 어느 한 생물종이 무너지면 무슨 일이 일어날지 근시안적으로 살아가는 사람들은 알 수 없다.

이 책은, 날마다 변화하는 자연의 아름다움에 넋을 잃고 감탄하지만 정작 자연에 무지한 나를 반성하게 하는 책이다. 더 큰 그림 속에서 관계 맺고 살아가는 우리의 위치를 탐구해야겠다. 자연의 신비롭고 장엄한 아름다움이 지속되게 하려면 나는 어떤 삶의 방식을 지녀야 할까? 내가 실천할 수 있는 일은 무엇인가? 고민해 볼 일이다.

한강, 《작별하지 않는다》

 11월의 스산한 바람이 불고 있다. 다정하게 손을 잡고 추위 속을 걸어가는 연인들, 따스한 저녁 불빛, 어디선가 번져오는 고기 굽는 냄새. 오리들이 유유히 헤엄치는 물가를 산책하며 생각은 소설 속을 헤매고 있다.

 사람이 살아가기 위해서는 무엇이 필요할까? 내가 다른 사람을 사랑한 적이 있었던가? 보이는 것 너머에 존재하는 그의 역사를 알고 함께 아파한 적이 있었던가? 아무런 조건 없이 존재 그 자체를 귀히 여기고 아꼈던 적이 있었던가? 내 삶을 스스로 선택하고 어떤 난관에 부딪히더라도 책임지려는 마음가짐으로 타인을 돌본 적이 있었던가?

소설가가 직업인 '나'는 광주를 배경으로 하는 소설을 쓰고 난 뒤인 4년 전부터 특별한 꿈을 꾼다.

수천 그루의 검은 통나무가 심겨 있고 우듬지가 잘린 단면마다 눈송이들이 내려앉는다. 나무들 뒤로는 무덤들이 있다. 바다에서 빠르게 밀물이 밀려들고 무덤들은 물에 잠긴다. '나'는 물에 잠기지 않은 뼈들을 옮겨야 한다는 다급한 마음으로 허둥댈 때 잠에서 깨어난다.

이 꿈을 제주도가 고향인 친구 '인선'에게 그녀 어머니의 장례식장에서 말한다. 그리고 무한으로 열리는 숫자인 아흔아홉 그루의 나무에 먹을 입힌 후 하늘에서 눈이 내릴 때 영상 작업을 하자고 제안한다. '인선'은 이 제안을 진지하게 받아들이고 혼자서 준비 작업에 들어간다.

'인선'은 사진을 찍다가 20대 후반부터 다큐멘터리를 제작했으나 8년 전, 30대 말(?)에 어머니를 간호하기 위하여 제주도로 내려가 목공일을 하며 생계를 꾸려간다. 어머니 사망 이후에도 홀로 살며 목공일을 계속한다. 그녀는 손가락 2개가 잘려나가는 사고를 당한 후 서울에서 봉합 수술을 받고 신경을 살리기 위해 3분에 한 번씩 수술 부위를 3주간 찔러야 하는 고통을 감수한다. 신경 줄이 풀어지면 어깨까지 절개하는 수술을 받아야 하며 잘못되면 패혈증으로 사망할 수도 있다. 봉합 수술을 하지 않고 절단 부위를 꿰매기만 하면 수술은 간단하지만 평생을 환지통에 시달려야 한다.

서울에 있는 동안 기르던 앵무새가 죽을까 봐 친구인 '나'에게 당장 제주 집을 찾아가 먹이를 주라고 부탁한다. '나'는 폭설 속에서 제주로 가는 마지막 비행기, 마지막 일주 버스를 타고 가지만 부탁을 들어주기 힘들 것 같아 '인선'에게 연락했으나 나중에 연락하라는 간병인의 다급한 목소리만 듣고 통화는 끊긴다. 길을 잃고 정신을 잃으며 우여곡절 끝에 인선의 집에 도착하지만 앵무새는 이미 죽어 있다. 앵무새의 사체를 묻어준 후 오한과 악몽에 시달리며 잠이 들고 다음 날 오후에 깨어난 '나'는 '앵무새'와 '인선'의 환영을 만난다. 아픈 제주의 역사를 듣게 되고 인선이 하고자 하는 일을 알게 된다. 마지막에 그들이 아흔아홉 그루의 나무를 심을 장소를 찾아가게 되고 인선의 환영은 사라진다.

인선이 죽었는지 살았는지 소설 속의 정보로는 알 수 없다.
그러나 나는 인선이 죽지 않고 살아나게 될 것이며 그들이 함께 영상 작업을 하리라고 생각한다. 아니 해야만 한다고 생각한다.
인선은 어머니 사망 이후에, 아흔아홉 그루의 통나무를 심고 눈이 내리는 때를 기다려 영상 작업을 하려고 준비 중이었다. 제주의 역사와 어머니의 삶을 조사하며 그녀와 어머니는 한 몸이 되어가고 있었다. 그녀는 어머니의 아픔과 슬픔으로부터 결코 자유로울 수 없었다. 손가락이 절단되고 병원으로 이송되면서 그녀가 제일 먼저 한 생각은 '그들이 얼마나 아팠을까?'였다. '손가락 설난만으로도 이렇게 아픈데 총에 맞고 몽둥이에 맞고, 목숨이 끊어질 정도로 몸 어딘가가 뚫리고 잘려나간 사람들은 얼마나 아팠을까.'였다. 그녀에게 제주의 아픈 역사는 과거가 아니라 살아 숨 쉬는 현재였다. 그녀는 고통으로 신음하면서 그 역사를 정면으로 바라보고 있었다. 그 고통의 역사를 영혼에 새긴 채로 떠나간 사람들을 위로할 영상을 만들기 위해 그녀는 죽지 않고 살아야만 한다.

 손가락이 절단된 곳을 봉합해 버리면 수술은 간단히 끝나지만 환지통은 계속된다. 제주의 역사를 모른 척하고 묻어버리면 아무 일도 아닌 것 같지만 우리의 고통과 수치심은 영원히 해결되지 않을 것이다. 1948년과 그 이후 몇 년 동안 일어났던 잔인한 일들은 70여 년이 흐른 지금까지도 마무리되지 않았다. 부끄러운 일이다. 고통스럽더라도 눈을 부릅뜨고 바로 보고 바로잡아야 한다. 죽은 자들의 한을 풀어주고 혼을 위로하고 역사를 바로 세워야 한다. 이 소설은 그 말을 하고 있다.
 끈질긴 침착함으로, 사무치는 사랑으로 '인선'은 역사 속의 그들과 함께 자신의 작업을 해나가는 인물이며 그 임무를 완성해야 할 인물이다.
 제주 4·3 사건으로 희생된 사람들은 그녀 안에서 숨을 쉬고 아우성치며 흐느끼고 있다. 그녀는 그들을 외면할 수 없다. 그들의 눈물을 닦아주고 그들의 영혼을 위로하며 그들을 영원으로 인도해야 한다. 아흔아홉 개의 검은 통나무를 심고 그 고통을 기억해야 한다.
 그녀 안에 타오르는 고통의 불꽃으로 그녀는 끈질긴 힘을 지니고 진실을 향해 나아가고 있다. 그녀는 죽을 수 없으며 그녀 안에 고스란히 새겨진 제주의 역사 또한 죽을 수 없다.

사랑이 무엇인가?

인선의 어머니는 어린 동생을 살리기 위해 손가락을 물어뜯어 피를 내고, 오빠를 만나기 위해 오랜 시간을 한결같이 찾아다니고, 깊은 병을 지닌 남편을 보살피고, 어린 딸을 존재 그 자체로 받아들인다. 그 사랑은 딸에게로 이어져 딸은 한 맺힌 사연을 가진, 역사의 희생자들을 기억하는 기록물을 만들고, 연약한 앵무새를 살리려고 애를 쓰고, 친구를 위해 콩죽을 만든다. '나'는 매서운 눈보라를 헤치고 연약한 새를 살리기 위해 길을 나서고, 친구의 아픔을 함께 아파한다.

사랑은 고통의 다른 이름이다.
사랑은 그가 느끼는 고통을 오롯이 함께 느끼는 것이며 사랑은 그의 고통으로부터 고개를 돌리지 않는 것이다. 사랑은 고통을 겪는 사람에 대한 끈질긴 보살핌이며, 자신의 상처를 넘어서는 강인함이다. 사랑은 그 어떤 지독한 아픔 속에서도 다시 일어설 수 있는 힘이다.

제주 산간에서 희생된 사람 3만 명, 보도연맹으로 전국에서 희생된 사람 10만 명 이상, 사람 목숨이 파리 목숨처럼 사라져 버리고 한 사람 한 사람의 꿈이 물거품처럼 사라져 버린 시절이 있었다. 평생 동안 과거에 발목이 묶여 현재를 살지 못하는 사람들이 있다.
그 시절을 외면하고 그들의 고통을 외면하고 우리가 어떻게 앞으로 나아갈 수 있을 것인가? 국가 폭력의 희생자들에 대하여 국가와 국민이 나서서 함께 아파해야 한다. 그리고 함께 그들을 보살펴야 한다. 그래야만 우리는 이 11월의 찬바람 속에서도 우리의 따스한 일상을 온전히 누릴 수 있을 것이다.

알랭 드 보통, 《영혼의 미술관》

예술을 통해서 우리의 삶은 구원된다. 일상의 의미가 재해석되고 우리가 놓쳐버린 아름다움을 대면하게 된다. 삶의 구차스러움을 떨치고 본질에 집중하게 되고 우리가 미처 몰랐던 아름다움의 씨앗을 발견하게 된다.

'꿈의 학교'를 찾아 내서로 전입한 이후 나는 나의 작은 원룸에서 말로 표현하기 힘든 시리고 적막한 기분을 맛보았다. 경북에서는 만나기 힘든, 살아 있는 교육을 실천하는 곳이라기에 자원해서 오기는 했지만 막상 와보니 낯설었다. 익숙하고 친밀한 곳을 떠나 무엇을 찾으려고 여기에 왔는가? 만날 사람 없고 갈 곳 없는 저녁 시간이 한없이 길고 쓸쓸했다.

미술학원에 등록하고 일주일에 두 번, 두세 시간을 니를 잇고 몰두했다. 그림을 그리고 난 후에 거울에 비친 내 모습이 만족스러웠다. 몰입의 기쁨이 나의 상황이나 처지를 잊을 수 있게 해주었다. 초라한 자취방에 내가 그린 그림을 걸었더니 놀랍게도 그 공간은 더 이상 초라한 공간이 아니었다. '장미꽃 그림'과 '사과꽃이 핀 과수원 그림', '벚꽃길을 그린 그림'들로 내 방에는 언제나 꽃이 피어 있다.

알랭 드 보통이 말하는 예술의 일곱 가지 기능은 '기억', '희망', '슬픔', '균형 회복', '자기 이해', '성장', '감상'이다.

'기억'

존 컨스터블의 〈구름 습작〉을 보고 있으면 우리의 머리 위에서 날마다 펼쳐지는 하늘이 떠오른다. 우아하고 아름답고 덧없는 자연의 모습을 상기함으로써 지나치게 가쁜 나의 호흡을 느긋하게 조절한다. 아까 일어났던 일이 그렇게 흥분할 만한 일이었던가, 시간이 지나면 해결될 일에 지나치게 사로잡혀 있었던 것은 아닌가? 호흡이 가라앉으면 맑은 기운이 감지된다. 구차스럽고 사소하고 볼품없는 일들에서 물러나 내가 간직하고 싶은 중요하고 아름다운 순간들을 만난다. 그림이 우리 곁에 존재한다면 우리의 삶은 훨씬 더 밝아지고 깊어질 것이다.

'희망'

저자는 앙리 마티스의 〈춤〉이 세상에서 어쩔 수 없이 마주치게 되는 거절과 굴욕에 대처할 줄 아는 우리 자신의 유쾌하고 무사태평한 능력을 일깨워 준다고 한다. 앙리 마티스의 〈춤〉을 보고 있노라면 근심 걱정 없이 리듬을 타며 춤에 몰두하는 사람들과 함께 리듬을 타게 된다. 아름다움에 반응하며 우리는 세상을 좀 더 따뜻하고 낙관적으로 바라보는 눈을 지니게 된다. 우리의 운명은 재능의 부재가 아니라 희망의 부재로 힘들어진다고 하니 희망을 안겨주는 그림을 여기저기 걸어두는 것은 삶에 용기를 불어넣는 좋은 방편이 아닐까 싶다.

'슬픔'

감정이 일어날 때 그 감정을 회피하지 않고 허용할 수 있다면 역설적으로 그 감정으로부터 자유로울 수 있다는 말을 수없이 들어왔다. 슬픔이 느껴질 때 슬픔 속에 한동안 침잠해야 품위 있게 슬픔을 승화할 수 있다고 한다. 리처드 세라의 〈페르난두 페소아〉를 직접 볼 수 있는 기회가 있었으면 좋겠다. 작품의 거대한 규모가 슬픔은 정상이라는 선언에 가깝다고 하니 그 앞에 서서 내 속을 가득 채우고 출렁이며 지나가는 슬픔을 만나고 싶다. 모든 삶의 찌꺼기들을 슬픔 속에서 정화하고 말갛게 차오르는 희망을 만나고 싶다.

'균형 회복'

사람마다 그림에 대한 취향이 다른 것은 자신의 결핍을 그림을 통해 보완하기 때문이라고 한다. 어떤 작품이 우리가 잃어버린 가치를 채워줄 때 우리는 아름답다고 말한다고 한다.

나는 너무 지나치지도 너무 모자라지도 않은, 딱 알맞은 그 지점에 서 있고 싶다. 그러나 내가 서 있는 지점이 어디인지 알 수 없다. 지나고 보면 너무 지나쳤거나 너무 모자랐거나 둘 중의 하나였음을 알게 된다.

예술작품이 우리가 지녀야 할 도덕적 품성에 대하여 깨우쳐 준다고 하면서 예로 든 작품이 조선의 〈백자〉이다. 그 무심한 모습으로 인정받으려고 지나치게 안달하는 사람들에게 겸손의 미덕을 가르친다고 한다. 나는 국립중앙박물관에 전시된 백자를 보면서 '완전한 형태'의 아름다움에 대해서 생각했다. 내가 갈망하는 것은 완성도 높은 경지에 이르는 것일까?

'자기 이해'

내가 누구인지 설명할 수 있을까? 내 안에 내가 너무도 많아서, 욕망과 현실이 혼재되어 있어서 나를 어떻게 드러내야 할지, 나를 어떤 사람이라고 말해야 할지 머뭇거리게 된다. "예술에는 우리 자신을 이해하고, 그런 뒤 내가 누구인지에 대해 타인과 소통하게 해주는 능력이 있기 때문에, 대체로 우리는 주변에 어떤 예술작품을 둘 것인가에 신경을 많이 쓴다."라고 작가는 말한다. 내가 좋아하는 것이 곧 내가 누구인가를 말해주는 것이라는 것이다. 나는 강렬하고 아름다운 색채의 그림을 좋아한다. 화려하고 눈부신 그림을 좋아한다. 나는 가끔 내 속에 일어나는 불꽃을 느낀다.

'성장'

중세 유럽의 종교화를 만날 때 나는 그 그림들을 어떻게 이해해야 할지 난감하다. 기독교에 대한 무지가 작품 이해를 방해한다.

저자는 이질적인 세계를 보다 편한 마음으로 받아들이고 예술가와 자신의 사고방식에서 연결점을 찾을 때 우리는 성장할 수 있다고 한다. 자기에게 익숙한 세계 너머를 탐색함으로써 인식의 지평을 넓힐 수 있고 더욱 확고한 자기 세계를 만들어 갈 수 있다고 한다.

모른다고 외면할 것이 아니라 더 적극적으로 탐구해 보아야겠다.

'감상'

"우리의 주된 결점, 우리를 불행에 빠뜨리는 원인 중 하나는 우리 주위에 늘 있는 것을 알아차리지 못하는 데 있다."

예술은 습관적으로 보아 넘기던 것들의 개별성과 색다름에 집중하도록 우리를 인도한다. 우리가 매우 다채롭고도 풍성한 세계 속에 있음을 자각하게 해준다. 이를 자각한다면 우리의 매일은 풋풋하게 살아날 것이다. 소박한 우리의 일상 속에 아름다움이 깃들어 있다.

예술은 혼돈과 어리석음 속에서 나날을 살아가는 우리들이 그러한 결함을 극복하고 안정적이고 따스한 삶을 살도록 우리를 인도한다. 예술이 이러한 기능을 수행할 수 있으려면 예술작품을 너무 먼 곳에 두고 이상화해서는 곤란하다. 일상을 영위하는 공간에서 예술과 더불어 살아갈 때 우리는 건강하고 아름다운 나날을 만들어 갈 수 있으리라.

예술의 진정한 목적은 우리 삶을 개혁하고 구원하는 것이라 하니 '예술을 위한 예술'이 아니라 우리에게 희망과 용기를 주고 삶의 고난을 이겨낼 수 있는 치유의 힘을 지닌 예술작품을 접할 수 있는 기회가 더 많아지기를 바란다.

성석제, 《농담하는 카메라》

'농담하는 카메라'라는데 별로 웃기지는 않는다. 따뜻한 책이다.
삶에서 만나는 모든 것은 기록할 수 있다. 너무나 일상적인 모습에서도 존재의 의미를 캐낼 수 있다. 단 감수성이 풍부할 경우에만…

평범한 독자인 나는 잠시 지나온 길들을 더듬어 보았으나 모든 것은 망각의 강을 건너버리고, 남아 있는 기억의 조각들은 얼마 되지 않는다. 이 산문집은 잃어버린 희미한 기억들을 되찾게 해준다. 지리산 꼭대기에서 만났던 고요함, 시린 별들의 속삭임, 시간과 공간에 도취되어 살았던 젊은 날들을 떠올리게 한다. 그래서 내 안에 여전히 존재하는 따뜻한 기운을 느끼게 한다. 책을 읽는 내내 미소를 띠고 있었을 것이다.

〈제1부 나는 카메라다〉는 잊지 못할 것들을 기록하고 있다. 사진이 남는 것처럼 필자의 뇌리 속에 선명하게 남아 있는 것들 이를테면 사랑했던 것들, 탐닉했던 것들, 충격적이었던 사건들을 기록하고 있다.

나는 이 부분을 읽으면서 박제가의 말을 떠올렸다. "癖(벽: 취미)이 없다는 것은 세상으로부터 버림받는 일이다." 무엇인가에 집중해서 사랑하는 일이야말로 온전히 세상과 인연을 맺는 일일 것이다.

〈제2부 길 위의 문장〉은 길에서 만난 것들을 이야기한다. 사람, 표지판, 자연, 음식점 등을 이야기하면서 독자로 하여금 인간답게 산다는 것과 자유롭고 개성적으로 사는 것의 의미를 사색하게 한다. 여기에 실린 글들은 나에게 세상이 감추고 있는 수많은 신비를 찾아 떠나고 싶은 충동을 불러일으킨다. 맹목적으로 소비하고 욕망하며 살아가는 현대 자본주의 사회에서 찾아야 할 삶의 진정성은 무엇일까? 작가가 가는 길에는 언제나 사람이 있다. 그리움과 꿈과 인정을 지닌-인간의 내면에 존재하는 보편적인 미덕을 지닌 사람이 있다. 인간과 인간을 이어주는 길의 곳곳에서 제 고유의 빛깔을 지니고 살아가는 삶에 대한 찬탄을 금할 수 없다. 동시에 여기서 나는 어떤 사람인가를 되돌아보게 된다.

3부의 제목은 '마음의 비경'이다. 이 부분에서 무례하고 천박한 우리 사회의 모습이 드러난다. 거짓된 포장과 획일화된 무성의, 사람을 보지 않고 주머니의 돈이나 갈취하려는 상업성이 곳곳에 판치는 것이 21세기의 한국 사회이다. 그가 바라는 삶은 이기적 욕망의 굴레를 벗어나, 함께하는 이웃과 정을 나누며 자연을 배려하는 삶이다. 대화하는 즐거움과 상상하는 즐거움이 있는 인간적인 삶을 꿈꾼다.

지금 현재 내가 누리고 있는 모든 것은 기록 대상이 될 수 있다. 과연 나는 무엇을 기록할 수 있을까? 오늘 내가 만난 사람과 자연, 인공물 중에서 무엇을 기록하고 어떤 의미를 부여할 수 있을까? 기록할 것을 찾아내지 못하는 것은 내가 오늘의 삶에 덜 집중했기 때문이고 덜 충실했기 때문이고 덜 사랑했기 때문이다. 내 마음속에 가득 찬 욕망의 수위를 낮추고-할 수 있다면 모두 버리고, 우리 삶의 곳곳에 충만한 신비로움을, 대상이 무엇이든 대상과 은밀하게 소통하는 즐거움을 찾아야 한다. 그래야만 나는 인생에 대해서 무엇이라도 말할 수 있을 것 같다.

존 듀이, 《흥미와 노력 그 교육적 의의》
– 몰입의 기쁨이 있는 학습공동체를 꿈꾸며

미래를 향한 투자나 외적 보상 때문에 이루어지는 학습이 아니라 순수한 집중과 몰입으로 이루어 낸 성취에 따른 희열을 진정한 학습이라고 한다.

교육 현장에서 온전한 기쁨으로 학습에 몰입하는 학습자를 만들어 내는 일은 많은 부분 교사의 몫이다. 교사는 학습자가 학습의 도달점과 목적을 분명하게 의식하고, 그 목적의식에 기쁘게 몰입할 수 있도록 학습자의 내재적 관심과 학습을 연결시켜야 한다. 학습 과제는 너무 어렵거나 너무 쉽지 않으면서 적절한 난관을 제시하여 새 목적을 향하여 자발적으로 활동하게 해야 한다. 배움이 자신의 인생에 어떤 의미를 지니는지 알 수 있도록 교육 활동을 조직해야 한다.

학습자의 내면에 이미 작동 중인 본능이나 충동에 호소하고, 그의 현재 경험과 능력 및 필요와 관련하여 주제를 선정할 때, 즉 학습자의 내재적 욕구 혹은 필요에 의해 학습이 진행될 때 학습자는 학습으로부터 소외당하지 않고 온전히 자신의 학습 시간을 누릴 수 있다.

그렇다면 교육자인 내가 일차적으로 해야 할 일은 학습자에 대해서 탐구하는 일이다. 어떤 욕구와 충동을 가지고 있으며, 어떤 경험과 호기심을 지니고 있는지, 어디에 소질이 있고 무엇을 할 때 즐거워하는지, 발달단계상 어디에 속하는지, 그들의 능력이나 활동 경향성은 어떠한지 등등 학습 대상자에 대한 수많은 정보를 바탕으로 이것들을 교과 내용과 어떻게 연결할 수 있는지 그 방안을 지니고 있어야 한다. 배움이 학습자의 마음과 따로 분리할 수 없는 것이라고 한다면 언제나 출발은 학습자의 구체적 상황에서부터 출발해야 하는데, 나는 나의 '학습자'들의 삶에 대하여 무엇을 알고 있는지 새삼스럽게 묻지 않을 수 없다. 다행히도 훌륭한 동료들을 만난 덕분에 그들과의 대화를 통하여 끊임없이 학습자의 관심과 잠재력에 대하여 정보를 교환할 수 있다.

이 책의 저자는 목적의식이 분명할 때 학습자는 직접적 흥미뿐 아니라 간접적 흥미를 가질 수 있으며, 목표 도달의 긴 과정을 견뎌낼 수 있다고 한다. 흥미가 뚜렷한 인생은 그것을 중심으로 삶의 모든 영역들이 통합되고 지속적인 노력을 기울일 수 있다고 하는데 '흥미가 뚜렷한 인생'을 살기란 쉽지 않은 일일 것이다. 기꺼이 활동의 어느 순간에서든 자신의 모든 에너지를 쏟아부을 수 있는 학습자가 되기는 어려운 일이다. 장애물에 부딪혔을 때 자신의 목적지를 더 뚜렷이 그려낼 수 있으려면 용기가 필요하다. 용기를 갖는 것만으로 충분할까?

어떻게 하면 지속적으로 자신의 흥미를 유지하며 기꺼이 자신에게 닥친 장애물을 극복하고 목표물에 가까이 근접해 가며 성장을 지속할 수 있을까?

이 책에 소개된 흥미의 유형 중에 사회적 흥미가 있다. 아이가 하는 의미 있고 흐뭇한 경험은 실제로든 상상으로든 다른 사람의 활동 속으로 들어갈 때라고 한다. 아이들이 추상적이고 지적인 교과를 싫어하는 이유는 교과에서 다루어지는 사실과 진리들이 그 인간적 맥락으로부터 유리되었기 때문이라고 하니 어떤 교과이든 인간적 관심과 관련된 사실이나 원리를 활용할 필요가 있다.

학습이 흥미로워지려면 교과 내용이 인간적 맥락과 연결되어 있어야 함은 물론 학습의 형태도 인간적 유대를 바탕으로 해야 한다고 생각한다. 함께 가는 길은 더 수월할 수 있다. 목적지로 가는 길이 지치고 힘든 것은 혼자이기 때문이다. 공동으로 탐구하고 서로의 의견을 조율하고 함께 활동하는 학습공동체는 학습의 장애를 더 쉽게 극복하게 해준다. 포기하고 싶을 때, 게으름을 피우고 싶을 때 옆에 있는 다른 학습자가 새로운 자극이 되고 힘이 될 수 있다.

흥미란 고정되어 있는 것이 아니라 움직이는 것이므로 다른 학습자에 의해 영향을 받을 수 있으며 학습공동체에 일정한 기여를 함으로써 관심의 영역은 확대되고 학습의 내용은 더 깊은 곳까지 내려갈 수 있을 것이다.

무엇을 알고자 하는 절실한 욕구를 가진 아이도 있지만 그렇지 않은 아이도 있다. 한 아이의 절실성이 다른 아이에게로 전파되어 다 같이 어떤 문제를 두고 고민하고 탐구하면서 활동은 진지성을 띠게 되고 흥미는 배가될 것이다. 그 과정에서 아이마다의 개성과 강점이 드러날 수 있으며 무엇이 진정 자신을 사로잡는지 알게 될 것이다.

이러한 학습공동체를 만들기 위해서는 아이들의 경험과 경향성 등을 존중하며 탐구하는 교사의 정성과 그것을 학습 내용과 엮어서 재조직하는 교사의 능력이 요구된다. 삶을 살아내는 학습, 배움으로부터 소외되지 않는 학습이 이루어지는 교육 현장을 만들어 내려면 한 사람의 교사가 애쓰는 것보다 같은 목적을 가진 동료 교사들이 연대하는 전문적 학습공동체가 필요하다.

학습자도 교사도 동료들과의 연대를 통하여 더 나은 학습 현장을 만들어 낼 수 있으며 진정한 흥미의 세계로 들어갈 수 있다. 그런 의미에서, 모둠별 학습이 일상적으로 이루어지고 있고 함께 아이들을 관찰하고 의견을 나누며 융합수업을 조직하는 선생님들이 있는 내서중학교가 참된 배움의 길을 잘 찾아가고 있다고 생각한다.

김태완

가벼운 몽상가

《혁신학교 2.0(혁신학교를 넘어 학교혁신으로)》

　서울에서 상주로 내려온 지 18년이 넘어가는 지금. 약 10년의 학교생활과 5년의 교육지원청 업무를 통해 얻은 건 약간의 일머리와 컴퓨터 지식, 그리고 잔머리라 할 수 있겠다. 자의 반 타의 반으로 오게 된 내서중학교는 내가 겪었던 어느 교직 생활과도 비교할 수 없는 특별함이 있었다.

　말로만 학생이 학교의 주인인 다른 곳과 달리 이곳은 정말 학생과 학부모, 거기에 교직원이 다 같이 함께하는 일종의 '삼위일체'의 모습으로 학교를 만들어 가는 모습이 신기하기도 하고 특이해 보이기도 했다.

　어느덧 3년이란 시간을 내서에서 함께하게 되었고 이제 나름 어엿한 내서인이 되어가는 듯했지만 여전히 나는 내서의 정신이라는 것을 명확히 설명할 수는 없었다. 올해는 유독 직장에서의 갈등의 골도 있었고 만약 우리 구성원 중 누군가 내서의 정신을 명확히 인지하고 이끌어 줄 수만 있었어도 큰 생채기 없이 굳건히 나갈 수 있지 않았을까 하고 고민하던 이때 《혁신학교 2.0》, 이 책을 접하게 되었다.

책의 내용은 우리가 그동안 해왔던 내서 교육의 일면을 그대로 그려내었다. 왜 학교의 주인이 학생이고 학부모와 교직원이 학생들 스스로가 깨우쳐 가도록 믿고 기다려 주는 미래학교의 전반적인 모습을 기술해 놓았다.

무엇보다 좋았던 것은 단순히 머릿속으로 생각만 하고 넘어갈 만한 일도 책의 저자이신 박일관 선생님의 강연을 통해 큰 맥락을 짚어볼 수 있었다는 사실이다.

한 해 학교생활의 큰 줄기를 잡고 그 결과물을 만들어 낼 수 있는 교육 과정을 준비하면서 다 같이 진행해 가는 일대기를 듣고 있자니 나도 저런 분 옆에 있었다면 좀 더 학생들과 소통하고 내 일에 보람을 느끼게 되지 않았을까 하는 소심한 변명도 마음속으로 해보게 된다.

지금은 내 어렸을 적 학창 시절과는 많은 것이 변했다. 그저 어리다고 무시당하고 성적만으로 모든 것을 평가받는 때는 지나갔지만 여전히 나는 그 당시 윗사람들처럼 학생들을 낮추어 보고 의심하는 게 아닌지 되돌아보게 되었다.

집단지성을 모아 나 혼자가 아닌 다 같이 행복한 학교를 만들어

가게 되기를 우리 학교뿐만 아니라 모든 학교에서도 이러한 과정을 통해 감동과 보람을 찾아가게 될 날을 꿈꾸며 오늘도 내서의 아침을 밝혀본다.

《작별하지 않는다》

우리나라에서 노벨문학상 작가가 나왔다는 것에 놀랐고 '한강'이라는 작가의 이름조차 들어보지 못한 나 자신의 무지함에 또 한 번 놀랐다. 나름 한때 자칭 문학소년이라고 할 만큼 책을 많이 접했는데 지금은 책을 고르는 안목조차 사라진 아저씨가 되어버리다니 속 깊은 반성을 하는 중이다.

추리소설, 역사소설, 과학소설 등을 좋아했었던지라 평소 읽던 장르와는 좀 벗어난 한강 작가의 《작별하지 않는다》를 손에 들었을 땐 과거와 현실을 오가는 구성 방식이 어려워서 내용을 이해하기가 힘들었다. 학교 역사 선생님께 제주도의 4·3 사건의 역사적 설명을 듣고 난 뒤 좀 더 수월하게 책장을 넘겨볼 수 있었다.

주인공 경하는 뭔가 음습하고 우울감이 가득한 사람으로 묘사되어 있었다. 늘 죽음을 준비하고 있는 의욕 없는 이 여인이 친구인 인선을 만나게 되면서 무료한 일상에 변화가 찾아온다. 작업 간 부상으로 병원에 입원한 인선은 고통스러운 치료 속에 제주도 집에 있는 새를 경하에게 부탁하고 경하는 제주도로 향하지만 폭설 속에서 흐릿한 기억만으로 집을 찾는 데 고생하게 된다. 결국 부탁받은 새는 죽음을 맞게 되지만 병원에 있을 인선의 혼(?)을 만나게 되며 인선의 어머니가 겪었던 제주도의 아픔의 시간들을 풀어내는 것이 대략적인 줄거리다.

  난 주인공 경하가 작가의 모습을 투영한 것이 아닐까 싶을 정도로 내면의 모습을 잘 표현한 것에 감탄하고 무엇보다 작품 구성의 전반적인 묘사가 너무 사실적이고 구체적이라 책을 읽는 내내 머릿속에서 영상이 돌아가는 느낌을 받았다.

  은혜는 잊어도 원수는 잊지 못하는 성악설을 믿는 사람으로서 내가 이 사건을 실제로 겪었다면 인간에 대한 불신과 원망으로 평생을 악에 받쳐 살아갔을 듯한데 인선의 어머니는 그 아픔을 속으로 감내하며 삭여가는 과정이 너무나 마음 아팠다.

  이토록 무거운 주제를 경하와 인선을 통해 덤덤하지만 조용히 하지만 꿋꿋하게 풀어내는 작가의 능력에 경의를 표한다. 더불어 '한강' 작가의 다른 작품도 어떨까 하는 궁금증이 생겼다. 사실 이 책의 내용을 전부 이해하지는 못하지만 적어도 작가가 이 책을 통해 현실을 살아가는 우리에게 무엇을 말하고 싶은지는 조금은 알 것 같았다. "역사를 잊은 민족에게 미래는 없다." 한마디를 되뇌며 다시는 이런 아픈 역사를 반복하지 않았으면 한다.

《이처럼 사소한 것들》

　한때 나는 불의를 보면 참지 않는 자칭 깨어 있는 인간이었다. 고등학교 때는 촌지를 받아먹는 영어 선생님에게 항의하다 죽도록 맞아보고 대학교 때는 학교 재산으로 사리사욕을 챙기는 재단 이사장 퇴진 운동에 앞장서 보기도 했다. 직장에서도 감정적이고 편협한 직장 상사에게 혼나는 직원 편에서 소위 하극상도 저질러 보았다.

　뒤돌아보지 않고 눈앞의 정의를 위해 내질렀던 용기라 생각했던 것들이 지금은 오히려 뾰족한 돌처럼 느껴져 그저 내 자리, 내 위치에 안주하길 바라는 눈이 먼 두더지같이 삶을 영위하던 어느 날 사소하게 다가온 《이처럼 사소한 것들》이란 이 책은 나의 늙어버린 영혼에 생기를 불어넣어 주었다.

　삶이 풍요롭진 않지만 그럭저럭 먹고살 만하며 가정에 충실한 가장 펄롱은 늘 자기의 자리를 지키며 묵묵히 살아가던 중 수도원을 방문하다 우연히 학대받는 소녀를 만나고 그 안에서 어떤 일들이 일어나는지 알게 된 뒤론 모른 척하고 편히 있자는 생각과 그 소녀를 구출해야 한다는 내적 갈등으로 고민하다 불우한 어린 시절 자신에게 아무런 이유 없이 손을 내밀어 준 윌슨 아주머니처럼 결국 그 소녀를 구해 나오게 된다.

 펄롱의 이 행동은 일제 강점기 친일파에 대항하던 독립군 내지 군사독재 시절 폭력과 탄압에도 꿋꿋이 자기 목소리를 내었던 사람들에 비견되어 메말라 버린 나의 마음을 꿈틀거리게 만들었다. 그저 딱 한 번 눈감으면 보장될 안전하고 편안한 삶을 저버리고 본인의 정의를 관철해 나가는 그 모습이 지금의 나에겐 메시아를 영접한 듯했다.

 누구나 알고 있고 누구나 할 수 있지만 누구도 선뜻 나설 수 없는 이 정의로움은 보이는 밝은 이면보다 뒤로 찾아올 고통스러운 악몽의 그림자를 외면할 수 없기에 그 당시에는 미련하고 멍청한 행동으로 보일지 몰라도 항상 인간의 역사는 그런 정의로움을 지닌 몇몇 소수가 등장하기에 지금까지 이어져 가는 게 아닐까 싶다.

 펄롱처럼 직접적인 용기를 발현하지 못할지언정 적어도 책의 대사 중 '다 한통속이야.'의 못난 다수의 집단에 속하지 않기를 바라며 한 번쯤은 재고 재는 인간관계의 지저분한 선을 과감히 넘어볼 수 있기를…

 작은 배려와 용기가 환영받고 인정받는 사회가 되도록 나 역시 부당함과 고통에 힘들어하는 주변인들의 손을 잡아줄 한 사람으로 오늘도 작은 발걸음에 힘을 주어본다.

《꽃들에게 희망을》

아주 오래전 상주에 내려오기 전에 잠깐 손에 들었던 기억이 있는 책이다.

제목만 봐서는 뭔가 힘들고 어려운 사람들을 위한 희망 소설 같지만 책을 덮은 뒤에 드는 생각은 무한 경쟁의 사회 속에 지친 현대인들에게 일침을 가하는 느낌이었다.

예전 기억을 떠올려 보면 바보같이 서로 싸워가며 뭐가 있는지도 모를 꼭대기를 향해 오르는 애벌레들이 그저 미련하고 한심해 보였지만 지금 시점의 나는 그 애벌레 중 하나가 내가 아닐까 하는 두려움과 미련만 가득 쥐고서 이러지도 저러지도 못하는 나약한 인간 군상이 보일 뿐이었다.

그저 남들이 하고 있고 가는 길을 생각 없이 앞서거니 뒤서거니

달리고만 있는 건 아닐까. 이 길이 정말 내가 원하는 길일까 하는 불투명 유리 밖 세상을 동경하지만 차마 틀을 깨지 못하고 어느덧 중년으로 흘러가 버린 나약한 사람의 뒷모습으로 자꾸 고개를 뒤로 향하게 만든다.

  이 많은 애벌레가 노랑 벌레에게 나비로서의 각성을 도운 것처럼 노랑 벌레도 호랑 벌레가 의미 없는 경쟁을 뒤로하고 나비로 변태할 수 있는 희망적인 존재가 되었던 것처럼 나도 다른 누군가에게 희망의 메시지를 전할 수 있는 사람이 될 수 있을까? 그러려면 뭔가 표면적으로든 내재적으로든 훌륭한 인격체로서 존경을 받을 만한 알맹이가 존재해야 하지 않을까? 생각이 꼬리를 물며 자괴감이 끓어 올랐지만 뭐 어쩌겠는가 이 또한 나란 사람인데 그냥 지금처럼 유유자적하며 가벼운 농담을 툭툭 던지는 친절한 옆집 아저씨로 사는 것도 나쁠 것 같지는 않았다. 이런 내 모습에 "공부하세요.", "더 큰 사람이 되세요." 하고 부르짖는 나이 많은 애벌레의 조언을 해주시는 분도 있지만 누구나의 본인의 자리가 있듯 나는 내 자리에서 번데기를 탈피할 방법은 몰라도 실을 뽑아볼 수 있는 요령을 전수하며 살아볼 요양이다.

  책을 읽고 나니 나비가 되지 못하는 내가 한심해 보이기도 했지만 무작정 위를 향해 가는 애벌레가 아닌 풀밭에서 뒹굴거리는 애벌레로 살아보는 것도 나쁘지 않을 것 같다. 더위에 지친 당신에게 에이컨의 시원함까지는 아니더라도 살랑살랑 산들바람의 미풍의 달달함을 전할 수 있는 사람이 되기를…

  딱 그 정도만 해도 좋을 듯싶다.

백선진

"날마다 새로우며 깊어지고 넓어진다."
솔직하고 담백한 보건교사

《꽃들에게 희망을》
– 더 나은 삶, 진정한 혁명

저자 : 트리나 폴러스

아침 7시 핸드폰 알람 소리에 일어나 간단하게 아침 식사를 하고 아이들 등교를 돕고 나면, 정확히 8시가 된다. 8시가 되면 가방을 챙겨서 엘리베이터를 타야 한다. 출근 시간을 맞추기 위해서다. 학교 도착까지는 차로 20분… 학교에 도착할 때까지 약간의 여유가 생기는데 라디오를 들으며 학교에 도착한다. 그리고 4시 30분까지 근무를 하고 퇴근해서 저녁을 먹고 잠깐 TV를 보다가 10시가 되면 각자의 자리로 가서 잠을 잔다. 또 아침 7시가 되면 핸드폰 알람 소리에 일어나는데…

이러한 단순하고 반복적인 나의 일상이 어쩌면 애벌레 기둥에 매달려 있는 내가 아닐까 하는 생각이 들었다. 반복되는 일상 속에서 나 또한 더 나은 삶이 무엇이고 더 가치 있는 삶이 무엇인지 생각이 많았던 요즘, 우연히 읽게 된 이 책은 한 번 더 나를 돌아보는 계기가 되었다.

누구나 소망하는 미래가 있을 것이다. 미래의 희망을 품고 현실을 견디며 살고 있는 수많은 애벌레들이 있을 것이다.

"그저 먹고 자라는 것만이 삶의 전부는 아닐 거야. 이런 삶과는 다른 무언가가 있을 게 분명해."라고 얘기하는 호랑 애벌레, 호기심 많고 더 나은 삶은 갈망하는 호랑 애벌레는 지금의 나와 너무 닮아 있는 듯하다.

하지만 무엇을 어떻게 해야 하는지, 이게 맞을까? 저게 맞을까? 고민하던 나에게 노랑 애벌레가 대답을 해주었다.

"결국 나비가 되려면 날기를 간절히 원해야 해. 하나의 애벌레로 사는 것을 기꺼이 포기할 만큼."

자기가 진정으로 원하는 것이 무엇인지 생각하고 고민하는 노랑 애벌레는 삶을 대하는 태도가 호랑 애벌레와는 분명 다르다.

그렇다면 나는 얼마나 간절히 원하고 있을까?

고치 속에 틀어박히는 것은 결국 성장을 위한 기다림의 시간, 인내의 시간이라는 생각이 들었다. 그 성장의 시간은 내 스스로가 만들어야 한다. 노랑 애벌레가 스스로 몸에 실을 감은 것처럼 말이다.

우리는 더 나은 삶, 내가 원하는 삶을 살아가기를 꿈꾸지만 결국은 나비가 되어 날기를 원했다는 사실을 잊어서는 안 된다. 그러기 위해서는 혁명이라고 할 수 있을 만큼 노력하고 변해야 한다. 나비가 되기 위해 애벌레로 사는 것을 기꺼이 포기할 만큼 말이다. 그런 점에서 '더 나은 삶, 진정한 혁명'이라고 했을 것이다.

40대 중반쯤 되면 안정되고 만족한 삶을 살고 있을 것이라 생각했지만 꼭 그렇지도 않다. 나는 아직도 나비가 되지 못했지만 나비가 되어 진정한 사랑을 이룰 그날을 기대하며 오늘 하루도 열심히 살아가련다. 적어도 나는 지금 어디로 가고 있는지도 모르고 애벌레 기둥에 매달려 있는 게 아니라 인내의 시간을 보내고 있으니까 말이다.

《여름을 한 입 베어 물었더니》

저자 : 이꽃님

　아동문학가 이꽃님 작가가 쓴《여름을 한 입 베어 물었더니》는 청소년 인기 소설로 중학생들이 좋아하겠구나 싶었다. 책을 받자마자 작가 특유의 재미난 책 제목에 걸맞게 '여름을 한 입 베어 문다'라는 표현이 참 재밌다고 생각했다. 그리고 여름을 어떻게 한 입 베어 물었다는 건지 답을 찾는 마음으로 책을 읽기 시작했다. 푸른 여름날 울창한 나무 아래 두 남녀 학생이 나란히 앉아 있는 표지를 보고 남학생과 여학생의 풋풋한 추억 이야기가 아닐까 추측하며 책을 읽었는데 읽을수록 내용은 나의 생각과는 완전히 달랐다. 표지는 책의 마지막 장면을 그린 것 같다.

　미혼모의 딸로 태어난 유도 소녀 하지오와 다른 사람의 속마음이 들리는 능력을 가지고 있는 번영중고등학교 수재 유찬이라는 주인공이 만나게 되면서 이야기는 시작된다.

하지오는 엄마의 병환으로 어쩔 수 없이 아빠를 찾아 유도의 고장 정주로 전학을 가게 되었고 거기서 화재로 부모를 잃고 할머니와 함께 살고 있는 유찬이라는 친구와 같은 반이 된다.

유찬이는 부모를 잃고 슬퍼하던 때 다른 사람의 속마음이 들리게 되었는데, 신기하게도 전학 온 하지오가 가까이 있으면 다른 사람의 속마음이 들리지 않아 자연스럽게 하지오랑 가까워지게 된다. 아니 가까워질 수밖에 없게 된다. 그러면서 서로의 아픔을 마주하고 이해하게 되는데 두 아이의 시선에서 번갈아 가면서 이야기가 전개되는 것도 재미있었다. 단순 청소년의 추억 얘기가 아니라 이 책에 나오는 모든 인물이 주인공 같았고 서로 갈등을 가지고 얽혀있지만 또 다른 누군가로 인해 갈등이 해결되고 상처가 아물어 가는 과정을 그린 이야기라고 생각되었다.

태어나서 한 번도 본 적 없는 아빠와 갑자기 살게 된 하지오

부모님이 돌아가신 화재 사건이 새별이 형 때문이라는 것을 알면서도 같은 학교에 다니며 살아야 하는 유찬

어린 두 동생을 돌보며 화재 사건의 중심에 있는 유도부 유밍주 새별이

무심하고 거칠어 보이지만 새별이를 각별히 챙기는 코치

유도를 포기하고 평생 자책하며 살아온 하지오의 아빠이자 현재

는 다른 가정을 이뤄 살고 있는 정주 파출소 경찰 남경사

　유도 유망주인 남편에게 피해가 갈까 봐 열일곱 살에 스스로 미혼모가 되기를 자처한 하지오 엄마

　화재로 자식을 잃었지만 새별이를 용서하고 유찬을 돌보는 할머니

　어린 동생들을 위해 추위를 피하려고 불을 피운 열세 살 가장 새별이를 제대로 돌보지 못했다는 죄책감에 화재 사건을 덮기로 한 마을 사람들

　험악해 보여도 속 깊은, 유도가 유일한 자랑거리인 정주 번영 사람들

　우리는 살면서 가족이나 친구, 직장동료 등 내 주변의 다양한 사람들로 인해 고민거리 하나, 갈등 하나쯤은 안고 살아가기 마련이다. '내가 무슨 잘못을 했길래.'라고 생각될 만큼 억울한 일도 있을 것 같다. 하지만 이 책을 읽으며 결국 자신의 아픔을 마주하고 극복해 나갈 수 있게 해주는 것도 가까이에 있는 내 주변 사람들이구나를 다시 한번 깨닫게 되었다.

　뜨거워서 여름이 싫다던 유찬이의 여름을 하지오가 크게 한 입 베어 물었으니 이제는 괴롭지도 않고 아프지도 않았으면 좋겠다. 나의 여름을 베어 물어줄 하지오 같은 친구가 나에게는 있을까? 나는 그런 사람이 되어줄 수 있을까?

　소의 뼈나 양 곱창 양지머리 따위의 국거리를 넣고 진하게 푹 고

아서 끓인 국을 우리는 곰국이라고 한다. 맛도 맛이지만 영양가도 높고 기운이 없을 때 먹으면 뭔가 힘이 나는 것 같다. 누군가 건강해지기를 바라는 마음으로 오랜 시간 정성을 들여 끓인 국이기 때문일 것이다.

《여름을 한 입 베어 물었더니》란 책은 전교생, 전 교직원이 읽고 한자리에 모여 독서토론을 하는 우리 학교 '낭송의 오후' 지정 도서로 선정이 되었다. 그리고 6월에 '낭송의 오후' 시간을 가졌었다. 그날 독서토론을 하고 나오면서 선생님들과 우스갯소리로 책 1권을 아주 푹 고아서 삶아 먹은 느낌이 든다는 얘기를 했었다. 그럼 '곰독서인가?', '곰책인가?'라며 독서토론의 만족감을 웃으면서 얘기했던 기억이 난다. 나는 두 번째로 '낭송의 오후'에 참여했는데 학생들의 기발한 생각과 아이디어, 그리고 중학생들의 마음을 읽을 수 있는 엄청난 시간이었다. 이런 게 가능하다니 모두가 참여하는 토론에 신기해하며 '낭송의 오후' 시간에 푹 빠져들고 말았다. 학생들의 만족도도 높았는지 여름 방학 하기 전에 한 번 더 하고 싶다고 하여 다음 읽을 책을 빠르게 선정했던 기억이 난다.

내가 생각하는 곰독서는 혼자서 읽고 느낀 후 더불어 깨닫고 나누는 '낭송의 오후' 시간을 말한다. 먼저 혼자 읽고 생각한 후 다른 사람들과 공유하며 다양한 관점을 이해하고 생각을 넓히는 독서.

우리가 책을 읽다 보면 내가 제대로 이해하고 있나 하는 생각이 들 때가 있지 않은가? 인상 깊었던 구절을 찾아 밑줄을 긋고 왜 인상 깊게 와닿았는지 생각하고, 나와 다른 친구들의 생각들을 듣고,

또 다른 호기심과 또 다른 관점으로 질문을 만들고, 그 질문에 대한 각각의 생각들을 얘기하고, 그래서 끊임없이 생각하고 토론하는 '낭송의 오후'야 말로 곰독서가 아닐까? 책 1권에 43명의 생각과 느낌을 공유할 수 있어 너무 뜻깊었던 시간이다. 그리고 무엇보다 중학생들의 생각을 다양하게 들을 수 있어 너무 소중한 시간이었다.

다음은 '낭송의 오후' 시간에 나온 학생들의 질문이다.

> 모든 사람이 속마음을 읽을 수 있다면 어떨까?
> 다른 사람의 속마음을 듣는다는 건 행복일까? 불행일까?
> 내가 만약 하지오의 부모님과 같은 상황이 생긴다면?
> 마을 사람들이 화재의 진실을 묻는 게 맞을까 아니면 처벌을 하는 게 맞을까?
> 착하고 불쌍한 사람이라고 잘못을 덮어줘도 괜찮을까?
> 나에게도 여름과 같은 상처나 트라우마가 있나?

꽤 오랜 시간 토론을 했지만 나는 내가 만약 하지오의 부모님과 같은 상황이 생긴다면… 이란 질문을 만든 그룹에 들어가서 학생들과 토론을 했다. 여학생과 남학생에 따라 생각이 확연히 달랐고 또 생각보다 진지하게 임해서 놀라웠다. 특이했던 것은 여학생들은 오히려 경제적이고 환경적인 문제 때문에 하지오의 부모님처럼 아이를 낳지 않았을 것이라 얘기했고 남학생들은 그래도 소중한 생명이기 때문에 끝까지 책임을 다해야 한다고 얘기했다. 그러면서 결론은 계획되지 않은 임신은 모두에게 상처가 될 수 있으니 피임이 중요하다는 것으로 결론이 났다. 자연스럽게 성교육까지 하게 될 줄이야…

푹 고아 끓인 곰탕처럼 곰독서는 내 마음의 피가 되고 살이 될 것이다.

나도 학생들처럼 다음 '낭송의 오후' 시간이 기대된다.

《이처럼 사소한 것들》

저자 : 클레어 키건

나는 내가 가진 것들을 어디까지 내려놓고 다른 사람을 위해 용기를 낼 수 있을까?

책을 다 읽고 가진 첫 질문이었다.

주인공 빌 펄롱은 석탄을 팔며 사랑하는 아내와 다섯 딸과 소박하지만, 행복하게 살고 있었는데 우연히 학대받는 수녀원의 소녀들을 목격하면서 깊은 고민에 빠지게 된다.

불편한 진실에 맞설 것인가? 아니면 나와는 상관없는 일이니 멀리서 관망할 것인가?

펄롱은 아버지가 누군지도 모른 채 불우하게 태어났지만 운 좋게도 미시즈 윌슨이라는 따뜻한 분을 만나 어려움 없이 성장할 수 있었다. 미시즈 윌슨은 단순히 먹여주고 재워주는 것을 넘어 미혼모라는 사회적 약자를 감싸주고 돌봐주신 은인이기 때문이다.

그래서 더욱 펄롱은 수녀원의 어린 소녀들을 지나치기가 어려웠을지도 모르겠다.

만약 그때 미시즈 윌슨의 도움이 없었다면 펄롱은 지금의 소박한 일상을 누리는 것조차 힘들었겠지… 그리고 지금 그가 이 순간을 못 본 척 넘겨버린다면 내 딸들과 같은 어른 소녀들이 어떻게 살아갈 것인지 너무도 잘 알았기 때문에 용기를 냈던 게 아닌가 싶다.

소설의 마지막 장면에 소녀의 손을 이끌고 수녀원을 나오는 펄롱의 모습이 이렇게 묘사되어 있다.

> "문득 서로 돕지 않는다면 삶에 무슨 의미가 있나 하는 생각이 들었다. 그 나날을, 수십 년을, 평생을 단 한 번도 세상에 맞설 용기를 내보지 않고도 스스로를 기독교인이라고 부르고 거울 앞에서 자기 모습을 마주할 수 있나?"

최악의 상황은 이제 시작이라는 것을 펄롱은 알았다. 벌써 저 문 너머에서 기다리고 있는 고생길이 느껴졌다. 하지만 일어날 수 있는 최악의 일은 이미 지나갔다.

하지 않은 일, 할 수 있었는데 하지 않은 일-평생 지고 살아야 했을 일은 지나갔다.

개인주의, 이기주의, 물질만능주의 시대에 혼자가 편한 세상이지만 우리는 결국 사회 속에서, 관계 속에서 사는 인간이기 때문에 타인에 대한 관심과 애정이 곧 자기 회복의 길이 될 수도 있다는 것을 잊어서는 안 된다.

더불어 사는 세상, 잘 둘러보면 생각보다 선으로 가득 찬 세상을 발견하게 될 것이다.

오늘도 그러한 하루이기를…

이 책을 읽고 얼마 되지 않아 우연히 라디오에서 흘러나오는 시를 듣게 되었다.

사소한 것들, 그것들이 한데 합해져서 하나의 삶을 이루기도 또 그러한 사소한 것들이 모여 하나의 세상이 된다.

다행

유정화

가난한 셋방살이
돈 벌러 나간 부모 대신
옥상에 빨래를 널던 남매에게
집주인이 건넨 초코파이 한 박스

성적보다 안부를 물어주던 선생님
터무니없는 꿈도 함께 꿔주던 친구

낯선 도시 길을 알려준 타인들

유독 힘겹던 하루 누군가 비워둔 자리

차창 밖으로 비처럼 쏟아지던 노을

나는 불행 중 수많은 다행으로 자랐다

《빨강 머리 앤》

저자 : 루시 모드 몽고메리

주근깨 빼빼 마른 빨강 머리~ 앤

예쁘지는 않지만 사랑스러워~

상냥하고 귀여운 빨강 머리~ 앤

외롭고 슬프지만 굳세게 자라~

가슴에 솟아나는 아름다운 꿈~

하늘엔 뭉게구름 퍼져나가네~

빨강 머리 앤 귀여운 소녀~

빨강 머리 앤 우리의 친구~

30년도 넘은 노래이지만 아직도 잊지 않고 신나게 부를 수 있는 노래.

일요일이지만 아침 일찍 일어나 내복 바람으로 이불속에서 언니, 동생과 함께 만화 영화로 보았던 기억이 난다. 캐나다를 배경으로 한 마을이나 등장인물들이 그때는 너무 신기했고, 새로운 세상을 만난 듯했다.

고아이지만 당당하고 사랑스러운 앤, 앤에게는 외모도 배경도 성별도 그 어떤 것도 장애물이 되지 않는 것처럼 보인다. 긍정의 힘, 자신감, 삶을 즐길 줄 아는 그녀만의 힘이 있을 뿐이다.

무뚝뚝하고 냉정한 마릴라 아줌마, 어렸을 땐 앤을 싫어하는 엄청 무섭고 나쁜 사람이라고 생각했는데 어른이 되어 읽어보니 딱딱하고 재미없는 사람이지만 소소한 표현이 없을 뿐 굉장히 마음이 따뜻한 사람이란 걸 알게 되었다. 어른이 되어서야 마릴라 아줌마의 진심을 알 수 있었다.

앤을 아끼고 사랑해 주신 마음 따뜻한 매슈 아저씨, 심장마비로 세상을 떠날 땐 나도 모르게 눈물이 날 정도로 가슴 아프고 안타까웠다. 멋진 선생님이 된 앤을 좀 더 지켜보셨다면 누구보다 자랑스러워하셨을 텐데 말이다.

장난꾸러기 소년 길버트, 앤을 홍당무라고 놀렸다가 혼쭐이 나지만 이후 성인이 되어 만나 연인이 된다.

앤의 가장 친한 친구 다이애나, 진심으로 앤을 위로하며 함께 기뻐해 주는 친구, 양 갈래 머리의 귀여운 외모는 더욱 사랑스럽다.

얼핏 보면 고아인 앤이 어렵고 힘든 상황에서도 기죽지 않고 친구들과 티격태격하며 성장해 나가는 소설처럼 보이지만 그 속에는 삶에 대한 철학, 태도가 녹아 있는 작품이라고 생각된다. 그것이 100년이 지난 지금도 사랑받고 있는 비결이 아닐까?

　내가 대학생 때인 20대 초반에 진로와 취업 걱정에 고민이 많았는데 그때 이 책을 읽으며 힘든 시절을 잘 보낸 거 같다. 절망하지 않고 긍정적으로 생각하는 주옥같은 말들은 지금도 다이어리에 적어두고 한 번씩 꺼내 읽어보는데 내가 특히 좋아하는 구절은 아래와 같다.

"세상은 생각대로 되지 않는다고 하지만 생각대로 되지 않는다는 건 정말 멋진 것 같아요. 생각지도 못했던 일이 일어난다는 거니까요!"

"정말로 행복한 나날이란 멋지고 놀라운 일이 일어나는 날이 아니라 진주알들이 하나하나 한 줄로 꿰어지듯이, 소박하고 자잘한 기쁨들이 조용히 이어지는 날들인 것 같아요."

"린드 아주머니는 '아무것도 기대하지 않은 사람은 아무런 실망도 하지 않으니 다행이지.'라고 말씀하셨어요. 하지만 저는 실망하는 것보다 아무것도 기대하지 않는 게 더 나쁘다고 생각해요."

"이제부터 발견할 일이 잔뜩 있다는 건 멋진 일이니까요. 뭐든 미리 다 알고 있다면 시시하지 않겠어요? 제가 상상할 거리가 없어지잖아요."

"아침은 어떤 아침이든 즐겁죠. 오늘은 무슨 일이 일어날지 생각하고 기대하는 상상의 여지가 충분히 있거든요."

40대 아줌마가 된 지금은 빨강 머리 앤의 덕후로 관련 책이나 굿즈들을 모으는 재미로 살아가고 있다.

이승아

책과 음악을 좋아하는 영어교사

아름다운 나비가 될 너희들
- 《꽃들에게 희망을》을 읽고

전교생 43명이 1권의 책을 읽고 함께 나누는 자리인 '낭송의 오후'가 2024년 4월 17일 봄날 오후에 열렸다. 책은 주로 교사가 선정하지만, 도서 두레인 '북적북적'이 고르기도 한다. 2015년부터 시작된 '낭송의 오후'에 참여하는 아이들은 생각보다 깊고, 진지하다. 이런 기회가 우리 학교 말고도 다른 모든 중고등학교에 자주 있다면, 정말 풍요로운 중학교, 고등학교 시절을 보내는 것이리라. 시험과 성적, 긴장이 아닌 가벼운 듯 진지하게 자기 얘길 풀어내고, 들어주고, 나눈다.

몇 번을 다시 읽어도 참 좋은 책, 《꽃들에게 희망을》은 40년간 스테디셀러로 1972년에 태어난 책이다. 글밥이 적고, 그림도 많아 휘리릭 읽히지만, 의미를 곱씹게 되는 부분들이 많다.

> 확신에 차 있는 호랑 애벌레를 보면서,
> 노랑 애벌레는 호랑 애벌레에게 공감하지 못하는
> 자신이 부끄러웠습니다. 게다가 반대하는 이유를
> 호랑 애벌레가 납득할 수 있도록 조리 있게
> 말하지 못하는 자신이 바보처럼 느껴졌고,
> 당혹스럽기까지 했습니다.
> 그래도 어쩐지, 노랑 애벌레는 무턱대고 행동하기보다는
> 미심쩍은 채로 그냥 기다리는 편이 더 낫다는 생각이 들었습니다.
>
> — p.61

설득하기 힘든, 그러나 뭔가 아닌 그런 느낌들에도 무어라 제대로 말하기 어려운 날들이 있다. 경쟁 중심, 능력주의, 자본주의 사회, 아이들 양육… 머리가 아닌 가슴이 이끄는 어느 지점들을 말로 글로 표현하기에 한계가 있는 스스로를 발견한다. 그러나 어쩐지, 분명 그건 아니라고 생각되는 지점들을 어떻게 설득할 수 있을까? 책에서 말하는 대로 그냥 기다리는 편이 더 현명한 일일까?

> 내가 정말로 원하는 게 도대체 무엇일까?
>
> — p.67

> 너는 아름다운 나비가 될 수 있어. 우리는 모두 너를 기다리고 있어.
>
> – p.82

> 내 속에 고치의 재료가 들어 있다면, 틀림없이 나비의 재료도 들어 있을 거야.
>
> – p.84

> 애벌레마다 내부에 나비가 1마리씩 들어 있으리라는 기쁨에 들떠서 그들을 하나씩 찬찬히 바라보았습니다.
>
> – p.114

114페이지의 그림이 신비로웠다. 그간 시커멓고 징그러운 애벌레 탑이, 바뀐 눈으로 바라보자 여러 빛깔과 문양의 신비로움으로 다가오는 것이다. 지금 내 눈에, 내 기준이 아니라, 아이들 내면에 있는 재료들을 들여다볼 수 있는 사람이 되었으면 좋겠다. 진정한 어른으로 꾸준히 거듭나야겠다. 단 한 번 나비가 되는 것이 아닌, 매년, 매일… 마하트마 간디의 말이 다시 떠오른다.

> 우리는 날마다 죽고, 다음 날 다시 태어난다.
> Each night, when I go to sleep, I die. And the next morning, when I wake up, I am reborn.
>
> – 마하트마 간디(Mahatma Gandhi)

고등학교 때 읽을 때와 40대가 되어 다시 읽는 이 책은 느낌이 또 다르다. 생명을 품고 있는 지금이라 그럴까? 진정한 사랑, 생명을 만드는 사랑, 기다림이 필요한 사랑, 고치 속에서 익어가는, 변화하는, 다른 존재가 되어야 하는, 내가 여태껏 지닌 것을 벗어내야 하는 과정을 삶으로 몸으로 겪어나가고 있다. 이 봄, 아이들과 함께 읽어 참 기쁜 책이다. 언젠가 또다시 만나게 될 책인 듯하다.

누군가에게 따스한 손길 하나 건넬 수 있다면
- 《맡겨진 소녀(foster)》를 읽고

(클레이 키건 지음, 문학동네, 2023)

아일랜드 작가의 짧은 단편 소설, 어느 주말 아침 그 자리에서 휘리릭 다 읽었다. 짧지만 깊은 여운이 감돈다. 먼 친척에게 맡겨진 소녀의 시간, 소녀의 생애에서 그 시간이 얼마나 따스하게 기억되는지. 책의 문장 하나하나에 잠시 머물러 본다.

> 입 다물기 딱 좋은 기회를 놓쳐서 많은 것을 잃는 사람이 너무 많다.
> – p.73
>
> Many's the man lost much just because he missed a perfect opportunity to say nothing.

마치 '호기심에 통째로 집아먹힌 사람 같다.'리며 이이를 항헤 이웃 아주머니가 오지랖 넓게 퍼붓는 질문들이 양동이 가득 넘쳐나는 물처럼 흥건하다. 남의 사생활에 대한 관심이 너무 많은 우리나라만큼이나 아일랜드의 민족성도 비슷한 것인지도 모른다. '입 다물기 딱 좋은 기회', 즉 침묵하고 있어야 하는 때는 실로 위로가 필요한 시점인지도 모른다. 직접 겪지 않고는 알 수 없는 마음의 결을 어찌 말로 손쉽게 위로할 수 있을까. 말로 주고받을 수 있는 한계를 넘어서는 건 때론 자그마한 손길일지도 모른다. 토닥토닥… 아줌마, 아주머니의 자연스러운 스킨십이 다시 읽힌다. 아이를 무릎 위에 앉히고 뉴스를 보고, 귀지를 파주고, 헤어질 때도 볼에 입맞춤해 주고 안아준다. '看護(간: 볼, 호: 돌볼)'라는 단어의 看(간: 볼) 자를 잘 들여다보면 手(수: 손)와 目(목: 눈) 자로 이루어져 있다. 손을 쥐고 눈으로 바라보는 것이 아픈 이 곁에 있는 사람의 자세가 아닐는지. 몸이 아프든, 마음이 아프든.

"저기서는 네가 날 업고 왔나 보다." 아저씨는 말했다. 나는 내가 아저씨를 업는다는 것이 너무 말이 안 돼서 웃지만 곧 그것이 농담이었음을, 그 농담을 내가 알아들었음을 깨닫는다.

— p.74

"You must have carried me there." he says. I laugh at the thought of me carrying him, at the impossibility, then realise it was a joke, and that I got it.

이 부분에 대해서는 자주 인터넷에 떠도는 기독교적 이야기가 배경지식처럼 떠올랐다.

삶의 무게에 짓눌려 바닷가를 홀로 걷던 사람이 있었다. 그는 실의와 좌절에 빠져 모래 위를 걷다가 문득 외로움이 사무쳐 주님을 원망한다. "주님, 어찌하여 제가 이처럼 혹독한 시련 속에 있을 때 저를 혼자 버려두십니까? 그러고도 당신이 사랑과 자비의 주님이십니까? 정말 원망스럽습니다." 주님께서 말씀하신다. "내가 언제 너를 버려두었느냐?" 그가 항변한다. "모래사장 위에 발자국을 보십시오. 저는 혼자서 이 황량한 길을 걸어왔습니다." 다시 주님께서 말씀하신다. "아직도 모르겠느냐? 내가 너를 업고 온 것을." 모래 위의 발자국을 자기 것으로만 여겼던 그는 그것이 맨발의 예수님 발자국인 것을 깨닫고는 부끄러움에 고개를 숙였다.

아이에게는 이 두 친절한 내외가 신이었겠지만, 상실의 아픔이 있던 부부에게 잠시 와 있던 아이 또한 신이었으리라. 잠시나마 서로에게 그런 존재로 자리매김한다는 것은 얼마나 소중한 힘이 되는지.

> 우리는 내 옷을 개서 그 안에 넣고 고리의 웹스 서점에서 산 책도 넣는다. 하이디, 다음으로 케이티가 한 일은, 눈의 여왕. 처음에는 약간 어려운 단어 때문에 쩔쩔맸지만 킨셀라 아저씨가 단어를 하나하나 손톱으로 짚으면서 내가 짐작해서 맞추거나 비슷하게 맞출 때까지 참을성

있게 기다려 주었다. 이윽고 나는 짐작으로 맞출 필요가 없어질 때까지 그런 식으로 계속 읽어나갔다. 자전거를 배우는 것과 같았다. 출발하는 것이 느껴지고, 전에는 갈 수 없었던 곳들까지 자유롭게 가게 되었다가, 나중엔 정말 쉬워진 것처럼.

- p.83

We fold what clothes I have and place them inside, along with the books we bought at Webb's in Gorey; Heidi, What Katy Did Next, The Snow Queen. At first, I struggled with some of the bigger words, but Kinsella kept his fingernail under each, patiently, until I guessed it or half-guessed it and then I did this by myself until I no longer needed to guess, and read on. It was like learning to ride the bike; I felt myself taking off, the freedom of going places I couldn't have gone before, and it was easy.

글을 읽게 된다는 것, 누군가를 가르친다는 것, 아이들 곁에 있는 사람의 소명을 다시 생각하게 하는 구절이다. 참을성 있게 기다려 주는 법. 자전거를 배워 더 멀리 혼자 나아갈 수 있는 것처럼, 아이들을 진정 자유롭게 하는 것, 바로 교육의 목표이리라.

젊고 바쁜 부모에게서 받지 못하는 사랑과 관심을, 소녀는 잠시 맡겨진 시간 동안 잔잔히 담담히 받는다. 소녀가 이해할 수 없는 깊이의 상실과 슬픔은 그저 귓가에 머무는 말들일 테고, 소녀가 아주머니, 아저씨의 나이가 되어서야 서서히 깨달을 수 있을지도 모른다. 누군가의 딸로서, 누군가의 엄마로서 이제 조금 느낀다. 100% 완전한 부모는 아무도 없다. 아무리 좋아 보이고, 부러워 보이는 부모일지라도 결핍과 채워지지 않는 부분들이 있는데, 삶에서 그런 구멍을 메꿀 존재들을 신은 늘 보내주신다. 조용히 떠올려 본다. 한 사람 한 사람… 친구든, 교사이든, 내가 우연히 만나게 된 짧은 인연들이 모두 내게 필요한 부분들을 채워주었다. 지금은… 또한 내가 만나는 누군가에게 그런 존재로 운명처럼, 우연처럼 되고 싶다.

우리는 우리가 만났던 모든 사람들의 일부분이 모여 있는 것이다.

We are all a part of every person we have ever met.

– 알프레드 테니슨(Alfred Tennyson)

우리 함께 아프다; 우리는 작별하지 않는다
- 《작별하지 않는다》를 읽고

(한강 지음, 문학동네, 2021)

    11월, 색을 달리한 나뭇잎들이 떨구는 계절, 추운 공기와 스산한 바람에 몸도 마음도 움츠러든다. 지난 10월, 참으로 반가운 소식, 한강의 노벨문학상 수상에 한동안 찬란한 기쁨이 잔물결처럼 번져나갔다. 노벨문학상 받은 작품을 번역서가 아닌 원어로 읽는 기쁨. 책꽂이에 한참 있었던 이 책을 꺼내어 든다. 혼자서는 읽기 힘든, 심호흡을 몇 번을 해야 첫 장을 열 수 있는 책.

    책이 처음 나왔을 때, 4·3에 관한 한강 작가의 작품이라는 생각만으로도 쉬이 읽고 싶어지지 않았다. 가볍게 즐겁게 읽을 소설이 아니란 걸 알기 때문이다. 여럿이 함께 읽기로 정해진 시간이 있어 조금씩 읽어 내려간다. 함께 읽어야 더 의미가 있는 책들이 있다.

어떻게 이 책이 번역되었을까 놀라울 따름이다. 존댓말 쓰던 두 친구가 갑자기 말을 놓으며 친구가 되는 순간(p.242), 말 트임으로 관계의 친밀도가 엄청나게 달라짐을 다른 나라 언어로는 어떻게 나타냈을까? 그저 감탄할 뿐이다. 동서양 설화에 모두 여성이 돌로 된다는 부분이 있다. 미개하거나 미련스럽거나 어리석어 돌이 된다는 것으로 해석되기 쉬운 설화를 아주 다르게 해석하는 장면이었다. 돌이라는 허물을 남기고 자유로이 떠나거나 물로 잠수했을 거라는 해석은 머릿속에 느낌표 하나가 쭈뼛 선 것처럼 아주 신선했다.

"건지고 싶은 사람이 있었을 거 아니야. 그래서 돌아본 거 아니야?"

건지고 싶은 존재는 누구였을까? 인선에게는 죽을지 모르는 작은 새 아마, 인선의 어머니에게는 오빠, 인선의 아빠에게는 막내 여동생, 경하에게는 인선? 누구에게나 자신의 삶에 그런 존재가 있다. 우리는 그 존재 덕에 산다.

삶과 죽음, 시와 소설이 혼재해 있어 오묘하기도 했고, 희미하기도 했지만, 촛불 사이 두 여성의 시선과 대화 속에서 오히려 선명한 사진처럼 더 명징하고 분명하게 그려지는 아픈 장면들이 많다. 책을 읽어가는 내내 마음이 아프고 또 아프다. 읽는 사람도 쓰는 사람도 무척 아픈 소설. 그러나 아픈데도 더 궁금하고 읽고 싶어진다. 알아야겠고, 읽어내야겠고, 쓰고 싶고, 무엇보다 살아내야겠다. 아픔 속으로 걸어 들어간다. 함께 발을 담근다. 특정 지역의 특정 사람이 아닌 우리 모두의 이야기가 된다. 이제 전 세계 사람들이 이 책을 읽는다. 우리는 함께 아프다.

즐겁고 가볍게 읽는 것만이 문학의 목적은 아니다. 어둡고 아픈 곳을 용기 내어 응시할 힘을 주는 것도 또한 문학이다. 이 책의 영어 제목은 《We do not part》이다. 주어가 자주 생략되는 우리말로는 제목 《작별하지 않는다》가 전혀 어색하지 않지만, 주어를 분명하게 해야 하는 영어이니 '우리(we)'가 적절하겠다. 우리는 작별하지 않는다.

색을 달리한 나뭇잎들이 잎을 떨구었지만, 우리는 작별하지 않는다. 우리는 그 가지에서 새 봄날 연둣빛 잎이 다시 돋아나리라는 것을 믿는다.

전쟁의 상흔을 듣고 일어서기
- 《몽실언니》를 읽고

(권정생 지음, 창비, 2013)

어떤 책은 인생의 시기와 맞물려 여러 번 읽게 되는가 보다. 초등학교 시절 《몽실언니》를 처음 읽을 땐, 비슷한 나이였으므로 그 시절의 나와 몽실언니를 비교해 가며 읽었었다. 전쟁을 겪으며 내 또래 소녀 아이가 겪는 온갖 고초를 상상하며, 한국전쟁을 겪은 할머니, 할아버지의 삶을 조금이나마 느껴보는 정도였다. 그 무렵 나온 드라마도 나의 상상과 드라마의 장면을 비교하며 흥미롭게 보았던 기억이 있다.

시간이 훌쩍 지나 5학년 딸과 함께 휘리릭 읽게 된 《몽실언니》는 새삼 다른 느낌으로 다가온다. 마흔 넘어 아이 가진 엄마로 다시 읽노라니, 참 애틋하고 절절하다. 끝으로 길수록 눈물이 고여 흘리니

오는 눈물을 주체할 수 없었다.

 몽실언니를 둘러싼 인물들이 입체적으로 다가온다; 밀양댁, 북촌댁, 정 씨 아저씨, 김 씨 아저씨, 한국전쟁 후, 당시 아이 낳고, 배 안 굶게 하려고 애쓰는 인생들이다. 견뎌내야만 한 삶. 억척같이 살아야 했던 시간들. 전쟁의 상흔, 가부장제의 폭력성은 구체적으로 보이는 몽실언니의 절름발이에서 고스란히 드러난다. 고통 속에서 오히려 삶의 의지는 무척 결연하다. 끝까지 병든 아버지를 낫게 하기 위해 헌신하는 태도와 여러 동생을 살뜰히 돌보는 그 마음은 어디에서 나오는 것일까?

> "왜 그래야만 되는 걸까?
> 왜 여자는 남자한테 매달려 살아야 하는 걸까?"

 이런 질문이 책에서 나올 줄이야. 이 책을 처음 읽던 초등학생 나의 주변에는 일하는 엄마들은 그리 많지 않았다. 80~90%의 엄마들이 남자한테 매달려 살던 시기이기도 했다. 책을 읽던 어린 나도 같은 의문을 품었고, 당시 우리 엄마도 "너는 꼭 공부 열심히 해서 스스로 돈 벌거라."라는 말을 하며 남동생과 나를 차별하지 않으시고, 경제적 주체가 되기를 간곡히 바라셨다.

 아직 갈 길이 멀긴 하지만, 이젠 여자에게 매달려 사는 남자도 제

법 있고, 많은 경우 여자와 남자가 같이 경제적 주체로 함께 한 가정을 일구어 가며 어느 한쪽에 매달리기보다, 비교적 균형 잡힌 일과 양육을 하는 모습이 많다. 하늘에서 권정생 선생님이 바라보시며 어떤 표정을 지으실까?

"인생을 어떻게 사는지는 스스로 결정한다. 배운다는 것은 어머니의 젖을 먹는 것과 같은 것이다. 머리가 깨고 생각을 자라게 한다." 등등, 책에서 나온 문장들을 곱씹어 본다. 막내 젖을 물리며 우리나라 아이들의 배움이 젖 먹듯이 자연스럽게 이루어지길 소망한다. 몸, 마음이 건강하고 생각이 바르게 자라나기를!

과연 초등 권장용 도서인지, 여러 다른 책 모임에서, 아이들과 또 어른들과 함께 읽으면 좋겠다.

그 가을, 참 빛나는 순간 하나
― 《회색인간》의 저자 김동식 작가와의 만남

아이들과 함께 읽기 시작한 《회색인간》은 특이한 책이었다. 기존의 즐겨 읽던 소설 및 사회과학책과는 사뭇 다른 짧은 호흡의 이야기들, 기괴하고 알쏭달쏭한 상상력, 어둠과 빛 사이의 무수한 회색의 이야기들이 하나하나 펼쳐질 때마다 신기하고 섬뜩했지만, 읽는 것이 편하거나 즐겁지는 않았다. 함께 읽는 선생님들도 "이번 책은 좀…" 하시며 마뜩잖아하셨다. 그렇지만, 이전 해에 교직원 책 모임 '홀더'에서 읽은 《소년을 읽다》에서 나온 작가라서 기대감이 있었다. 마침 연구원에서 온 공문으로 우연히 신청한 저자 초청 이벤트에 채택이 되어 우리 학교에 작가분이 오시게 되었다. 작가를 초청했으니, 아이들과 함께 읽기로 했으니 어쩔 수 없이 읽을 수밖에.

10월 중순, 참 좋은 가을날이었다.

이래저래 수업에, 공문에 바빠 있다가 문자로 상주 터미널 근처 빵집 앞에서 뵙겠다고 했지만, 그 안에서 뭘 드시면서 여유 있게 기다리시리라 믿었는데, 우직하게 밖에서 뭔가 불편한 표정으로 서 계시는 남자 어른. 어디 아프신지 여쭈어본다. "저기… 원인을 알 수 없지만 며칠 전부터 팔이 아팠어요… 오늘 아침부턴 진짜 너무 아팠는데요. 그렇지만 학생들과의 약속이라 우선 왔어요.", "1년에 강연이 얼마나 자주 있으셔요?"라는 질문에 "365일 중에 350일 정도요." 하신다. 여기저기 특히 학교에서 부르면 거절하기 힘들다고. 담담하고 뭔가 부끄러워하고, 그냥 옆집 아저씨 같은 수더분한 인상의 작가분을 얼른 학교로 모셔 왔다. 미리 전화로 차에서 작가분 팔이 아프시다고 진통제나 거치대 준비해 달라고 보건 선생님께 부탁드렸다. "강연 마치자마자 울 학교 학부형이 하시는 병원 들렀다가 가셔요. 판독을 잘하셔서 우리 집 아이들도 늘 그 병원 가요." 작가님과 학교에 도착해 학생들이 모인 창의 융합실로 모시고 가서 진통제 드리니 아이쿠, 물 뚜껑을 열지 못하셔서 앞자리 학생이 물 뚜껑 열어드린다. 그 정도로 아프시다니! 얼른 보건 선생님께서 팔 거치대 해주시고…

막상 강연이 시작되자, 아재 개그(유머)를 날려가며, 하나씩 하나씩 자기 이야기를 진솔하게 풀어나가신다. 깔깔대며 웃어 나자빠지는 순간들 그득하고, 진지하고 뭉클한 순간들도 많았다.

짧은 단편들로 이루어진 《회색인간》의 여러 이야기 중에 멈칫하는 순간들이 꽤 있었는데 그중에서도 제목과 같은 첫 작품이 꽤나 인상적이었다. 온통 회색빛, 희망도 재미도 없는 곳, 어둠 속에서 우리를 인간이게 하는 것은 음악, 문학이었다. 회백색 어둠 안에서 갑자기 색채가, 음률이 나오는 상상이 펴져나갔다. 강연 말미에서 주물공장에서 묵직히 꾸준히 일했던 스스로를 회색인간이었다고 고백한다. 글쓰기로 인해 기계 같은 삶에서 인간다운 삶으로 변화했다는 말씀을 하실 때의 고요한 진정성이 마주하는 우리 모두에게 흩뿌려졌다. 학교와 집뿐인 우리 아이들의 단조로운 삶이 작가분의 만남을 통해 좀 더 다채로워지길 소망한다.

아이들은 책에서 궁금했던 것, 작가님께 궁금했던 것을 연신 질문하며 펼쳐낸다. 그리고 사인회! 감사하게도 팔이 아프실 텐데도 전교생 50여 명을 위해 일일이 사인해 주셨다.

단체 사진 찍고서 얼른 병원으로 모신다. 의사 선생님이 이리저리 보시더니 "어이쿠, 이러고서 강연을 했어요? 한번 찍어봅시다." 밖에서 기다리고 있는데, 뭔가를 하시는지 "아!!!" 소리가 몇 번 나고, "이제 다 나왔네." 하는 소리가 들린다.

팔꿈치 쪽에 돌이 있었다며 레이저로 깨고, 주사기로 돌가루 등을 빼내셨다고 한다. 진통제 등을 처방해 주셨다. 낮에 터미널 앞에서 기다리게 한 게 죄송해서 근처 '보은순대' 가서 순대국밥 한 그릇 사 드리고, 터미널에 태워드렸다.

다음 날, 팔이 어떠신지 문자로 여쭈었더니

'놀랍게도 팔이 엄청 좋아졌습니다. 상주에서 허준을 만났네요. ㅎㅎ 감사합니다.'

라는 답이 온다. 참 빛나는 순간 하나. 그런 인연, 그런 시간이었다. 아이들에게도 이야기해 주니 김동식 작가의 새로운 다른 책들도 제발 도서관에 사달라고 아우성이다.

《무채색 삶이라고 생각했지만》 김동식 작가의 수필집(요다. 2024)에 자매편 〈상주에서〉라는 글이 있습니다.

김민아

학생이 행복하다고
말할 수 있는 학교를
만들고 싶은 교사

《꽃들에게 희망을》을 읽고

《꽃들에게 희망을》이라는 제목부터 많은 생각을 하게 만드는 책이다. 여기서의 꽃이란, 그리고 어떤 희망을 의미하는 것일까? 많은 의문을 품으며 책을 폈다. 책을 폈더니! 이런 감사할 수가! 그림이 많네. 금방 읽겠네. 아이들에게 책 읽기를 강조하면서 나부터도 책을 이리도 멀리하고 있음에 반성을 하며 책을 읽었다.

정상을 향해 나아가고자 하는, 그리고 그 방향성에 대한 고민, 나는 과연 어떠한 가치를 품고 지금을 살아가고 있을까를 책을 읽는 순간 온전히 빠져 고민해 볼 수 있었다. 열심히 올라가던 애벌레들의 모습이 참 안타까웠다. 길지 않은 생을 이렇게까지 힘든 고민을 하면서 살아가야 하는 것일까, 왜 서로가 뒤엉켜 다른 애벌레를 돌아볼 여유는 없이 이렇게 힘들게 올라가야 하는 것일까, 생각하던 찰나 두 애벌레의 대화가 참 뜻깊었다. 그리고 힘들게 올라왔던 과정과는 달리 함께 내려가는 과정이 두 애벌레에게는 소중했던 시간이지 않았나 싶다. 사실 책의 결과에서 본다면 삶의 가치와 방향에 대한 얘기를 할 수 있겠지만 나는 책을 읽으며 두 애벌레가 함께하는 순간이 자꾸 기억에 남는다. 함께하기를 선택했을 때와 현실에 안주하게 되었을 때 노랑 애벌레는 어떤 생각을 했을까? 많은 상황 속에 다양한 선택을 할 수 있겠지만 그 길을 함께 가는 누군가가 있음으로 인해 그 시간들이 행복해지지 않을까 싶다.

    책을 읽으며 참 어린 생각이지만 '노랑 애벌레와 호랑 애벌레 중에 누가 수컷이고, 누가 암컷일까?'라는 의문을 가졌다. 지금 이 글을 쓰는 와중에 생각해 보면 두 애벌레의 성별이 뭐 그리 중요했을까 싶기도 하지만 책을 읽는 동안에는 계속 의문을 품었다. 누가 암컷일까? 글이 다 끝나고 마지막 장에서 나의 의문을 해결해 주는 그림이 그려져 있었다. 나뭇잎 뒤쪽에 나비가 낳은 알이 호랑 무늬였다. 물론 유전적으로 알이 호랑 무늬라고 해서 호랑 애벌레가 암컷이라 생각하는 것은 오류가 있지만 왠지 작가가 그림을 그릴 때는 그런 의미를 가지고 있지 않았을까.

    독서 활동 후에 아이들과 '낭송의 오후'에서 만났다. 내가 가졌던 의문을 아이들도 가지고 있었음이 참으로 신기하였고, 내가 생각지도 못했던 부분을 아이들이 얘기하여 더 많은 생각을 할 수 있게 되어 좋았다. 그중 가장 기억에 남는, 내가 생각지 못했던 질문은 '왜 애벌레 탑이 계속 쌓였을까?'이다. 애벌레 탑이 한곳도 아니고 많은 곳에 왜 쌓여 있을까, 그리고 정상에 도달한 애벌레들은 과연 어떻게 되었을까, 아이들 저마다의 생각이 풍요로운 오후였다.

  2학년 수업을 하며 창밖으로 흐드러지게 날리는 꽃을 바라보다 문득 '아, 우리 아이들이 꽃이구나. 정말 꽃처럼 아름답다.'라는 생각이 들었다. 그리고 큰 깨달음을 얻었다. '아! 꽃들에게 희망을.'이라는 제목 속의 꽃은 결국엔 사람이 아닐까 하고. 작가의 뜻은 다를 수 있으나 혼자 갑자기 든 생각이다. 이야기 속의 애벌레는 결국 인간들이 아닐까, 애벌레의 삶이 결국 인간들의 삶을 의미하는 것이 아닐까. 결국 제목에서의 꽃은 '우리 모든 사람들, 인류가 살아가야 하는 방향을 잘 알고 그 가치를 알고 있는 우리가 아닐까?'라는 생각으로 혼자 마무리를 해본다.

《학생 자치는 미래 교육의 오래된 씨앗》을 읽고

　의미 있는 책을 1권 선물받았다. 내서중학교에 신규 발령을 받은 후로 쭉 나의 정신적 지주가 되어주고 있는 이동철 선생님께서 책을 내셨단다. 책을 쓰고 싶다는 말을 자주 들었는데 진짜 해내다니 역시 동철 샘의 추진력은 대단하다. 내서중학교와 낙운중학교에서 10년을 보내며 학생 자치를 풍부하게 꾸려나간 내용과 바뀌고 있는 교육계의 판도, 미래 교육에 관한 얘기를 서술하였다. 사실 동철 샘과 술자리에서 만나면 늘 들어왔던 내용이라 낯설지는 않았다. 항상 "교사는 누구보다 더 시대의 변화에 민감해야 하고 미래를 고민해야 한다."라는 말씀을 하셨다. 책을 읽는 것도 공부하는 것도 별로 좋아하지는 않지만, 동철 샘의 이야기를 들으며 미래 교육의 방향을 고민하는 것은 학교에 찌든 나에겐 햇살 같은 시간이었다. 그러한 이야기들을 모아 이론적인 내용과 실제 사례를 소개하는 책이 나왔다. 처음에는 그냥 올해 내서중학교를 꾸려나가는 데 도움이 될 만한 것은 없을까? 찾는 용도로, 두 번째는 미래 교육에 대한 진정한 배움을 갈구하며 열심히 읽어보았다.

책은 미래 교육에 대한 안내와 우리나라의 2022 개정 교육 과정, 내서와 낙운에서 실천하였던 사례, 동철 샘과 함께 시간을 보냈던 교사, 학생들의 이야기로 이루어져 있었다. 'OECD 교육 2030 프로젝트'에서 제시하는 교육의 방향은 바뀌고 있는 미래를 잘 보여주고 있다. 산업사회를 지나오면서 우리 사회는 공부를 열심히 해서, 조금 더 솔직하게 표현하면 다른 사람보다 더 나은 성적을 받고 더 좋은 학교에 진학하여 돈을 많이 버는 직업을 가지는 것이 인생의 목표이자 성공한 삶이라 생각해 왔다. 하지만 시대가 변하고 있다. 30대 후반인 나조차도 미래가 바뀌고 있음을 느꼈다. 학창 시절 공부만 열심히 하면 된다고, 성공한다고, 대학교만 가면 놀 수 있다고. 그렇게 대학교를 졸업할 때까지 계속 공부만 하고 임용 합격을 위해서도 공부만 했다. 주변의 친구들도 열심히 공부만 하다가 취직을 못 하면 대학원을 가서 공부하고 또 공부하고. 부모 세대에 의해 가스라이팅당했다. 과연 우리 세대가 성공한 것일까. 아니 성공했다고 할 수 있는 기준이 과연 시대의 흐름에 부합했을까.

이제는 미래가 바뀌고 있다. 바뀌는 미래에 따라 아이들에게 제시되어야 하는 성공의 척도도 바뀌고 있다. 키워드는 '웰빙'이다. 성공한 인생-잘 사는 것이라 생각하면 달라진 것이 없다고 느낄 수 있으나 이 웰빙 속에는 미래를 위해 현재를 소모하는 길이 아니라는 조건이 붙는다. 그리고 나 혼자만을 위한, 나 혼자서 해야 하는 것이 아니다. 다른 사람들과 함께 전 지구적인 행복, 지속 가능한 세계를 만들어 가는 것이다. 이렇게 바뀔 미래를 살아갈 아이들을 위해 'OECD 학습 나침반 2030'에서는 학생의 행위 주체성(agency)을 강조한다. 행위 주체성이라는 말이 다소 생소하게 느껴지기도 하는데 이를 북파 공작원에 빗대어 설명한다. '공작원이 북한에 갔을 때 한국과 모든 연락이 두절되어 상부의 명령 없이 스스로의 역량으로 모든 것을 판단하고 어려움을 해결해 나가는 행위가 공작원의 행위 주체성이라고.' 기존의 교육에서 학생 주도성이라는 표현을 많이 사용하였다. 학생들이 자신의 미래를 스스로 살아가기 위해서는 행위 주체성이 필요하다. '부모에 의하여 잘 다듬어진, 교사의 잘 짜인 틀 안에서 실패의 경험 없이 자라난 아이들이 미래 사회에서 웰빙할 수 있을까.'라는 질문을 던지면 많은 의문을 품게 된다. 분명 이런 아이들은 학교생활을 하며 모범생이라는 소리를 듣고 높은 성적을 받은 아이들일 텐데, 변하는 사회 속에서 미래를 위한 시대의 흐름에 맞는 교육을 받았다고 할 수 있을까.

상주에는 학생들이 어른들의 생각에 따라 시키는 일만 하는 것이 아닌 자신의 존재를 인식하고 스스로 계획하고 실천하는 2개의 중학교가 있다. 책에서 소개하고 있는 내서중학교와 낙운중학교이다. 두 학교의 공통점은 미래 교육의 시작점에 학생 자치를 두고 있다는 것이다. 3월이 되면 학생회장단 선거를 모든 학교에서 하지만 이

두 학교는 조금 특별한 면이 있다. 우선, 선거관리위원회를 구성하여 선거의 모든 과정을 학생들 스스로 진행한다. 후보단 구성, 공약 점검, 토론회 진행, 선거 분위기 만들기 등등 선관위의 역할은 매우 중요하다. 물론 학생들 스스로 진행한다고 해서 교사는 가만히 쉬고 있는 것이 아니다. 진행하는 과정들을 옆에서 지켜보며 관심을 계속 가져주어야 한다. 이 시간들을 통해 선관위는 많은 배움을 얻게 되고 이를 지켜보는 다른 후배들도 학생 자치의 시작과 살아 있는 민주주의 교육을 얻게 되는 것이다. 또 하나의 특이점은 러닝메이트제이다. 회장, 부회장을 각각 선출하는 것이 아니라 회장, 부회장이 한 팀이 되어서 후보로 나오는 것이다. 처음 러닝메이트제를 접했을 때는 그냥 신선하다고 느낄 정도였는데 이러한 선거를 몇 해 지켜보니 1년 동안 학생 자치회를 이끌어 감에 있어서 아이들의 책임감이 더 높음과 동시에 세 학생이 그 책임을 나누니 부담을 덜 느낄 수 있는 효과가 있었다. 또한, 혼자만의 의견으로 진행하는 것이 아니라 서로 협력하는 힘도 키울 수 있으며 여러 학년에 걸친 의견을 잘 수렴할 수도 있다. 책을 통해 얻은 아이디어로 올해 내서에서 좋은 평가를 들은 아이템은 '공약 컨설팅 사무소'였다. 공약은 회장단으로 선출되기 위하여 학생들의 구미를 당기는 것이면서도 반드시 실천할 수 있는 것을 내세워야 한다. 그래서 회장단이 선거를 준비하면서 가장 힘들어하는 부분이기도 하다. 기존에는 학생 자치를 담당하는 선생님이 개인적으로 상담을 해주었는데 책에서 아이디어를 얻어 이 일을 선관위에게 물어보았다. 그렇게 선관위와 학생부 담당교사 2명이 참여하여 공약 컨설팅 사무소가 열렸다. 후보들은 자신이 세우고자 하는 공약들이 학교에서 실천이 가능한 것인지, 또 이러한 공약들이 학생들에게 지지받을 수 있을지와 같은 질문들을 쏟아내며 공약을 조금씩 다듬어 나갔다. 공약이 만들어지고 나면 선관위에서 진행하는 토론회를 두 번 거친 뒤 학생회장단이 선출된다. 선출된 학생회장단은 자신들의 공약뿐만 아니라 다른 후보의 공약 중에서도 올해 실천했으면 하는 것들을 추려 올해의 추진 계획을 수립한다.

학생회장단이 선출되고 나면 제일 먼저 하는 활동이 두레 조직이다. 정해진 부서에 학생들을 대충 나누어 넣는 학생회 조직이 아니라 현재 학생들에게 필요한 부서에 대한 의견 수렴을 한 뒤 회장단이 공약으로 가지고 나온다. 올해 내서는 두레 조직을 하는 데 다소 어려움이 많았다. 학생들이 선호하는 두레로 몰리면서 다소 꺼리는 두레에는 주장을 내지 못한 학생들이 밀려서 가게 되는 사태가 벌어졌다. 이를 문제로 생각한 회장단이 한자리에 모임을 열었다. 두레 조직에 대한 생각부터 두레 구성에 대한 생각까지 다양하게 이야기를 나누었다. 합의점이 없어 보이는 와중에도 계속 서로의 의견을 나누며 모두가 합의할 수 있는 지점에서 두레를 조직할 수 있게 되었다. 이렇게 조직된 두레는 서로 모여 두레의 특색을 담은 이름과 한 해 동안 자신들이 해나가야 할 역할들을 정한다.

책을 읽다 학생 자치=학교 자치(민주적인 교직원협의회)에 딱 꽂혔다. "민주적인 교직원협의회는 교사를 춤추게 한다." 아, 진짜 동철 샘의 후배라는 것이 감사한 문구다. 학교에서 다양한 행사나 활동들을 진행하다 보면 동료 교사들과 뜻을 맞춰야 하고 왜 이러한 것이 교육적으로 맞는 것인지 관리자들을 설득해야 하는 과정이 필수적이다. 하지만 이러한 과정들이 힘들고 버겁다면 활동이 줄어들 수밖에 없다. 그러한 교사의 소진을 줄이기 위한 것이 민주적인 교직원협의회이다. 관리자의 성향에 따라 이러한 교직원협의회는 날개를 달기도 하고 저 깊은 바닷속으로 추락하기도 한다. "수동적인 교사에게서 능동적인 학생을 기대하면 안 된다."라는 말이 딱 맞다. 학생 자치를 살리기 위해서는 민주적인 교직원협의회도 굳건히 나아가야 한다.

책에서는 학생의 행위 주체성을 살린 다양한 미래 교육의 사례를 소개하고 있지만 나는 이 중 프로젝트 여행 수업(이동 수업)이 가장 마음에 든다. 왜냐하면 어떻게 보면 가장 큰 프로젝트이기도 하고 학생들의 선택과 갈등, 그 속에서의 성장이 도드라져 보이는 활동이기 때문이다. 학생의 행위 주체성이 발현되었다고 볼 수 있는 항목을 확인한 적이 있었는데 이동 수업은 모든 항목에 충족할 정도로 학생의 행위 주체성이 최대한 발현될 수 있는 기회이다. 이동 수업은 3박 4일(혹은 4박 5일) 동안 교실이 아닌 다른 곳으로 떠나 다양한 배움을 하는 활동이다. 수학여행과 비슷한 개념이라고 볼 수 있다. 그런데 일반적인 수학여행과 다른 점은 주제, 체험지, 활동, 식당, 숙소 등 모든 일정을 학생들이 정한다는 것이다. 두레별로 진행되는 일정 탓에 학년도, 성별도, 성향도 모두 다른 아이들이 마음을 모은다는 것이 쉽지는 않은 일이다. 이 과정에서 미래 교육에서 필요로 하는 많은 역량들이 필요하게 되고 길러지게 되는 것이다. 새로운 가치를 창조하고, 긴장과 딜레마를 해소하며 책임감을 가지게 된다. 이것이 쉬운 일은 아니다. 준비하는 과정에서 갈등 상황을 만날 때마다 교사를 찾아와 어려움을 호소하기도 하고 눈물을 보이는 아이들도 더러 있다. 힘들어하는 학생들을 잘 달래며 한 뼘 더 자랄 것이라고 기대하며 아이들을 다독이다 보면 어느새 계획은 모두 세워지고 이동 수업을 떠나게 된다. 이동 수업에서 교사의 역할은 '그림자'이다. 모든 일정은 아이들의 계획에 따라 움직이는 것이지 교사가 아이들을 인솔하지 않는다. 그러다 보면 교사들은 아이들과 옆에 서서 교실에서 만나지 못했던 모습, 이야기들을 마주하게 된다. 아이들과 진한 관계를 맺는 이 시간도 이동 수업의 매력 중 한 가지이다. 수학 교과를 담당하는 교사이다 보니 수업 시간에 소극적인 학생들이 꽤 있다. 그런 학생들도 이동 수업에서는 새로운 모습을 보이며 각자의 강점을 내뿜는다. 그 시간이 지난 후에 아이들과 더 가까워지고 수업에서도 조금 더 적극적으로 참여하는 모습을 만날 수 있다. 만약 이 책을 읽고 미래 교육을 위한 무언가를 시도해 보고 싶다는 생각이 든다면 이동 수업을 추천하고 싶다. 학생들은 우리가 생각하는 것보다도 훨씬 더 훌륭하니까. 또 교사가 기획하는 여행은 학생들의 만족도가 높지 않은 편이지만 스스로 기획한 이동 수업은 만족도가 늘 최상이다. 한 번만 시도해 보면 학생도, 교사도 모두가 힘들지만 만족스러운 이동 수업을 기다리고 있을 것이다.

책의 마지막에는 내서를 지나간 선생님들, 학생들의 대화집이 실려 있다. 동철 샘과 5년을 내서에서 함께 지냈던 터라 다들 내가 좋아하는 사람들이었다. 이 대화를 나누는 순간에 함께하기도 했었는데 책으로 다시 읽으니 갑자기 눈물이 났다. '내가 신규 교사로 내서중학교에 발령받아서 참 많은 선생님의 사랑을 받고 살았구나. 교사로서 해보고 싶었던 많은 것들을 마음껏 할 수 있도록 기회를 만들어 주셨구나.'라는 생각으로 가슴이 먹먹해지면서도 굳센 다짐을 했다. 내서의 교육을 잘 지키고 다른 학교에서도 미래 교육을 맛볼 수 있는 기회를 많이 만들어야겠노라고.

독후감이라고 쓰고 있는데 동철 샘에게 들은 이야기가 많아서인지 내서에서의 생활을 오래 해서인지 책 내용보다는 내 생각이 너무 많이 적혀서 이래도 되나 싶다. 하지만 우리는 미래를 고민하는 교사이고 미래를 위해 현재를 살아가고 있는 교사이다. 10년 후에도 20년 후에도 계속 같은 고민을 나누고 있을 듯하다. 동철 샘과 사석에서 얘기하고 추진하다 이런저런 이유로 무기한 미뤄졌지만 지금이 미래라고 생각하고 교육을 받았던 내서인들과 함께 내서에서의 '홈커밍데이'가 곧 이뤄지기를 소망한다.

《나의 봄날인 너에게》를 읽고

요즘 정신적으로 너무 힘들다. 교사로서 살아간다는 것이 이렇게 힘들어야 하는 일인가 고민이 많다. 내가 할 수 있는 일이 무엇인가, 내가 해야 하는 일이 무엇인가 고민하며 멍을 때리다가 일단 온전히 나를 위한 시간을 갖고 싶다는 생각이 들어 서재에 들어가 책장을 훑어보다가 마음이 끌리는 책을 꺼냈다. 즐겁게 웃으면서 시간을 보냈어야 할 아들들에게 온갖 짜증과 화를 다 냈더니 책을 읽는 동안 가까이 오지도 않고 둘이서만 놀아 하루 만에 책을 다 읽을 수 있었다. 독후감을 쓰고 있는 밤에야 미안함을 뼈저리게 느끼며 내일은 아이들과 재밌게 놀아야지 하고 결심해 본다.

나는 봄이 좋다. 추운 걸 워낙 싫어하여 극도로 싫은 겨울이 지나가서인지 모르지만 매섭던 추위의 끝에서 살랑이는 바람을 맞으면 온몸의 세포가 다 깨어나는 느낌이다. 그래서 이 책의 제목이 아주 마음에 들었다. 봄날이라는 좋은 단어에 나를 비유해 주다니, '내가 이렇게 의미 있는 사람일까.'라는 생각이 들면서도 참 포근했다. 처음 책을 살 때도 아마 비슷한 생각으로 책을 골랐던 것 같다. 단지 책을 사서 책장에 처박아 두기만 했던 것이 미안하기는 하지만.

 이 책을 읽고 나는 단단해지고 싶다는 생각이 들었다. 책의 작가가 어떤 사람인지 전혀 모르는 상태에서 책을 골랐지만, 책을 읽으며 작가가 나와 굉장히 비슷한 면이 많다고 느꼈다. 그래서 작가가 해주는 위로들이 내가 정말 듣고 싶었던, 나를 위한 말로 느껴졌고 조언들은 반드시 실천해 보고 싶은 일들로 자리 잡았다. 나는 몸도 마음도 감기를 자주 앓는다. 그래서 남들에게 보기보다 약하다는 말을 참 많이 들으며 살아왔다. 나는 매 순간에 내 모든 힘을 쏟아붓고 열심히 살고 싶어 한다. 그것이 나의 능력 밖의 일이라는 것을 알면서도 그렇게 살지 않는 것은 최선을 다하지 않는 삶인 듯하여, 하루하루에 모든 힘을 쏟는다. 그러다 보면 어느 순간 탕 끊어지는 순간이 온다. 그조차도 패배자가 될 순 없다 질책하며 더 나를 괴롭힌다. 그랬던 내가 이 책을 읽고 나를 돌아보고 사랑해 보기로 했다.

 책에서 인상 깊었던 부분이 몇 군데 있었다. 먼저 긍정에 대한 새로운 관점을 제시한 부분이다. 긍정적인 사고를 해야 한다. 부정적인 사고를 하면 도움이 되는 것이 없다고 생각하며 부정적인 생각과 부정적인 관점을 가질 때마다 이러면 안 된다, 긍정적으로 생각해야지, 좋은 면을 바라보아야지 늘 생각하며 불편해했었는데 책의 저자가 정리해 주었다. 표준국어대사전에서 찾아본 긍정의 뜻은 '그러하다고 생각하여 옳다고 인정함'이라고 한다. 작가는 "어떤 일이 주어졌을 때 무조건적으로 좋게만 생각하는 것은 어쩌면 현실과 동떨어진 상상일 수 있다. 물론 나쁘게만 생각하는 것보다는 백 번 천 번 낫겠지만, 그래도 참된 긍정은 있는 그대로 받아들일 수 있는 마음에서 시작하는 것이 아닐까."라고 표현했다. 이 부분을 읽고 '아~' 탄식이 나왔다. 무리해서 좋게 생각하려고 노력하지 말고 있는 그대로 인정하자. 나의 감정도 있는 그대로 받아들이고, 잘 들여다봐야겠다 결심했다.

그리고 작가는 운동 + 햇빛 + 잘 먹기를 강조한다. 이 부분을 읽는 순간 예전에 정신과에서 상담받을 때 선생님께서 하셨던 말씀이 떠올랐다. "살고 싶으면 운동하세요. 햇살 좋은 오후에 밖으로 나가 꼭 산책하세요." 운동이 건강에 좋다는 건 잘 알고 있는 사실인데 정신과 의사에게 살고 싶으면 운동하라는 소리를 들으니 좀 충격적이었었다. 여전히 이런저런 핑계를 대며 운동을 잘 안 하고 있지만 책을 통해 다시 한번 결심해 본다. 책 한번 읽었다고 운동을 꾸준히 잘할 수 있다며 열정에 불타는 내가 참 웃긴다고 생각하면서.

마지막으로 작가는 자신을 둘러싸고 있는 사람들에 관한 이야기를 많이 늘어놓았다. "미국의 기업인 드루 휴스턴(Drew Houston)은 MIT의 졸업식 축사에서 현재 자신이 어울리고 있는 사람 5명의 평균값이 자신의 미래 모습이라고 말했다. … 좋은 사람들을 곁에 두었을 때 내 인생도 발전할 수 있는 것은 전 세계 공통이다."라며 주변에 두어야 하는 사람들의 예시를 들었다. 그런데 유형들을 하나하나 보며 내 주변의 사람들이 한 명씩 떠올랐다. 이렇게 좋은 사람들이 내 주변에 있다니, 나도 인복은 아주 좋은 사람인가 보다. 참 감사한 일이다. 결국에 나를 힘들게 하는 사람은 나의 인복 정도면 나와 가까워지지 않고 멀어지지 않겠냐는 기대를 품게 된다.

산전수전 다 겪고 나면 어른이 된다고 하는데 나는 그 산전수전이 참 버겁다. 지금도 산전수전을 벗어나 공중전까지 하는 기분을 느끼며 삶이 참 불행하다고 생각했다. 이런 시기에 나를 찾아와 준 참 고마운 책이다. 내일은 울지 않고 또렷한 마음으로 주변을 바라볼 수 있게 용기를 준 책이다. 삶의 고단함에 마음이 힘든 어른도, 미래가 두려운 학생들도 읽어보면 좋을 듯하다.

남창희

어제보다 더 나은 사람이
될 과학교사

《꽃들에게 희망을》을 읽고

'낭송의 오후' 프로그램의 도서로《꽃들에게 희망을》이 선정되어 책을 받고 첫 페이지를 보았을 때 적혀 있는 글의 양이 적어서 가벼운 마음으로 책을 읽어나갔으나, 한 페이지 한 페이지 책을 읽어나가면서 많은 생각에 잠기게 되었다.

삶을 살아가면서 마주친 또는 마주칠 경쟁의 기둥(애벌레 기둥)에 관하여 애벌레는 아무런 정보도 없이 등반을 하였다. 이 모습에서 장래에 관하여 고민하지 않았던 중고등학생 시절의 나의 모습이 많이 투영되어 보였다. 왜 경쟁의 기둥을 올라야 하는지 모르지만 오르고 있던 애벌레의 모습이 그 시절의 나의 모습과 비슷해 보였다. 꼭대기에 무엇이 있는지 모르는 채, 그것에 대하여 생각하지 못한 채 등반을 하여 대학교에 진학하였으나 나의 장래희망에 대한 답을 내리지 못하였다. 학창 시절에 진로에 관한 고민을 하지 못하고 성적에 맞춰 대학교를 선택했던 모습이 마치 애벌레 상태의 모습에 투영돼 보였으며 결국 학과에 적응하지 못하고 대학교를 자퇴하게 되었다.

 등반의 과정에서 호랑 애벌레는 자신이 왜 애벌레 기둥을 올라야 하는지에 관하여 노랑 애벌레와 이야기하며 고민하고 등반하지 않겠다는 결정을 내렸다. 이 모습에서 장래에 관하여 고민하는 과정에서 주위의 사람과 이야기하는 것의 중요성에 관하여 생각해 보았다. 노랑 애벌레의 도움 없이는 호랑 애벌레가 등반을 포기하고 내려가려는 결심을 하지 못하였을 것이라는 생각이 들었다. 주위의 친구나 부모님과의 얘기도 매우 중요하다고 생각되지만 가장 중요한 관계는 선생님과 학생의 관계라고 생각이 된다. 호랑 애벌레가 다시 등반을 하러 간 이후 혼자 남은 노랑 애벌레에게 번데기라는 선생님이 나아가야 할 길을 같이 고민하고 제시하며 후에 노랑 애벌레는 아름다운 나비가 되었다. 이 과정에서 노랑 애벌레에게 번데기의 길은 아무것도 모르는 미지의 길이요, 미지의 영역이었을 것이지만 먼저 나아간 번데기의 도움을 통해 자신의 방향을 잡아가는 모습을 통해 선생님의 중요성에 관하여 고민해 보게 되었다. 이후 나비가 된 노랑 애벌레는 호랑 애벌레의 선생이 되어 번데기가 되는 과정을 알려주고 기다려 주며 이후 호랑 애벌레가 나비가 되었을 때 함께 날아가는 모습을 보며 한 선생님에 의해 영향을 받은 많은 아이들이 다시 다른 아이들의 선생님이 되고 이후 또 다른 아이들의 선생님이 될 수 있다는 사실을 떠올리며 선생님이라는 직업에 대한 경외심과 책임감을 느끼게 되었다. 번데기의 과정이 매우 힘들고 고단할 수 있으나 이후의 나비의 삶을 아름답게 살아가기를 바라며 지금의 나 또한 많은 일들에 있어서 번데기의 시기와 같이 고단하고 힘들게 세월을 보내야 하는 부분이 존재하지만 이를 극복하고 이후 아름다운 나비가 되어 아름다운 삶을 살아야겠다는 생각을 하게 되었다.

내용은 간단하지만 심오하며, 가벼워 보이지만 삶에 대하여 돌아보게 되는 책이라고 생각이 된다. 어떠한 삶이 옳은지 궁금함을 가지고 있는 사람, 현재의 삶이 고단하다고 생각되는 사람, 나비가 될 수 있을지 의문이 드는 사람들에게 이 책을 추천한다.

《작별하지 않는다》를 읽고

 이 책을 읽고 가장 먼저 느낀 감정은 불편함이었다. 책의 앞부분 꿈에서 묘사되는 장면, 공방에서 손가락이 잘려나간 인선의 모습과 3분마다 잘려나간 손가락의 신경을 위한다는 이유로 고통을 받는 모습을 묘사하는 장면, 제주도에 혼자 남아 있는 앵무새를 위해 경하가 제주도로 넘어가 인선의 집을 찾아가는 장면 등 독자로 하여 불편함을 느낄 수 있는 장치들을 많이 설치하였고 실제로 책을 읽는 과정에서 힘이 들어 며칠에 걸쳐 책을 읽어나갔다. 그리고 이 불편함의 종착지가 제주 4·3 사건과 연관되어 있었다는 점을 알게 되며 불편함을 느끼게 하는 작가의 의도를 파악할 수 있었다.

 사실 나는 이런 불편함을 주는 책을 선호하지 않는다. 책을 읽고 느껴지는 불편함이 나의 일상생활에 지속적으로 영향을 주기 때문에. 하지만 이 책은 이러한 불편함을 느끼는 것이 당연하며 오히려 불편함을 지속적으로 느껴야 한다고 이야기한다. 지나간 과거와 작별해서는 안 된다고 이야기한다. 책의 제목《작별하지 않는다》를 보고 '왜 작별이라는 단어를 사용했을까? 이별이라는 단어도 있는데.'라는 생각이 들었다. 작별이 가벼운 헤어짐이라면 이별은 영구적인 헤어짐이다. 작별하지 않는다는 것은 잠깐의 이별조차 하지 않는, 지속적인 관심을 가져야 한다는 작가의 의도가 반영된 것이 아닐까?

책의 마지막에 '이것이 지극한 사랑에 대한 소설이기를 빈다.'라는 작가의 말에 처음에는 공감하지 못했다. '이 책이 어떻게 사랑에 대한 이야기인가?'라는 생각이 가장 먼저 들었다. 이에 대한 궁금증이 생겨 다양한 사람들의 생각을 알아보고자 인터넷을 통해 많은 리뷰를 찾아보았다. 그 과정에서 보았던 내용 중 인선의 어머니가 포기하지 않고 오빠를 찾아다니는 과정, 인선의 어머니가 치매에 걸렸을 때 자신이 하던 일을 포기하고 제주도로 귀향하여 어머니를 모시기 시작한 인선, 인선이 손가락이 잘려 병원에 입원하였을 때 앵무새를 걱정하는 인선을 위해 자신의 몸이 힘든 상황임에도 기꺼이 제주도로 가는 경하의 모습에서 사랑을 느꼈다고 이야기하였다. 이 리뷰를 보고 책의 내용을 돌이켜 보니 사랑에 관한 작가의 생각과 나의 생각이 오버랩되며 많은 생각을 하게 되었다. 나는 과연 이러한 사랑을 보여줄 수 있을까? 아무것도 바라는 것 없이 오롯이 사랑하는 사람을 위해 희생을 감수하고라도 무엇인가를 해줄 수 있는 사랑을 해본 적이 있는지, 앞으로 할 수 있을지에 관하여 생각을 해보았다. 이때까지 나의 삶에서 가장 중요하게 생각한 사람은 자기 자신이었다. 부모님과의 관계, 친구들과의 관계, 심지어 연인과의 관계에서도 나는 자신이 가장 중요한 사람이었다. 하지만 이 책에서 인선의 어머니, 인선, 그리고 경하가 보여준 사랑의 모습은 나에게 사랑에 관한 생각의 전환점이 되었다.

《교실 속 자존감》을 읽고

　이 책의 글쓴이는 어릴 적 미국에서의 이민 생활 중 학창 시절에 겪은 상황을 담담하게 이야기하며 글을 풀어간다. 동양인으로서 인종의 문제 및 언어의 문제로 인해 차별받고 학교생활에 잘 적응하지 못하였으나 특별한 한 선생님을 만나 변화하게 된 자신의 이야기를 토대로 선생님이 지녀야 할 특징들을 이해하기 쉽게 설명해 주었다.
　이 책을 읽고 나의 학교에서의 모습에 대하여 많이 돌이켜 보았던 시간을 가졌다. 과연 나는 학생들에게 자존감을 높여주는 선생님인가?? 어떻게 하면 학생들의 자존감을 높여줄 수 있을까? 이 책에서는 다양한 방법을 제시해 주었다. 우선 첫 번째로 학생들을 대할 때 일관성을 가져야 한다는 점을 강조하였다. 사실 나 개인적으로는 규칙을 정해서 규칙대로 생활을 하기보다는 즉흥적으로 어떠한 행동을 하는 경우가 많았으며 이 점이 학생들에게도 많이 투여가 되는 느낌이 들었다. 적어도 학급생활에 관해서는 규칙을 학생과 함께 정하고 이러한 규칙이 잘 지켜질 수 있도록 지도해야겠다는 생각을 하게 되었다.

두 번째로 학생들을 칭찬하는 습관을 가지는 것이 중요하다고 하였다. 칭찬을 하기 위해서는 학생들의 특징 및 장단점에 관하여 명확하게 파악할 필요가 있다. 사실 학생들 개개인의 장단점을 찾기에 본인이 예민한 편이 아니라서 조금 어려운 부분이 많았으나 주위의 많은 선생님들과 얘기를 나누며 내가 바라보는 면과 다른 선생님들께서 바라보는 한 학생의 장점 및 단점이 조금씩 차이가 있고, 이러한 대화를 통해 1명의 학생을 다각적으로 바라볼 수 있다는 점을 알게 되었다. 또한 매주 금요일 '금요만남(한 학생에 관하여 파악하기 위해 학부모 및 여러 선생님들이 모여 아이에 관하여 이야기하는 만남)'을 진행하며 학생을 더욱 다각적으로 파악할 수 있는 기회가 나에게는 학생을 이해하는 데 매우 큰 도움이 되었다. 또한 학기 중 학생과의 개별적인 만남을 통해 학생의 생각을 이해하는 시간을 통해 자신의 생각 및 감정을 공유하는 시간을 가지며 수업에서는 볼 수 없었던 많은 면을 볼 수 있었다.

또한 조·종례시간의 중요성을 이 책에서는 매우 강조하였다. 조, 종례시간에 학생들에게 많은 질문을 하고 아이들이 자유롭게 이야기할 수 있는 환경을 만들기 위해 많은 노력을 해야 한다고 이야기한다. 특히 자신의 이야기를 할 수 있는 질문들을 아이들에게 제시하여 자기의 속마음을 공개적으로 이야기할 수 있는 기회를 많이 제공할수록 학생들의 자존감이 높아질 수 있다고 강조하였다. 나는 월요일 아침 자기의 주말에 있었던 일들을 이야기해 보는 시간을 가지고 있는데 이 활동이 현재 의례적으로 진행이 되고 있는 점에 많은 아쉬움이 들었는데 이러한 질문을 학생들에게 해봐야겠다는 생각을 하게 되었다.

학생들의 자존감을 높이기 위해서는 교사의 자존감도 높아져야 한다. 자존감을 높이기 위해 남과의 비교가 아닌 있는 그대로의 나에 대한 긍정적인 마음을 가져야 한다. 과연 나에게는 어떠한 긍정적인 면이 있을까? 나 스스로 어떠한 장점이 있는지 많이 생각하고 긍정적인 태도를 유지하기 위해 많은 노력을 해야겠다.

홍성근

항상 작은 별을 바라보는 곰

《작별하지 않는다》를 읽고…

　내서중학교에서는 매년 4·3 사건과 관련하여 제주도를 방문한다. 그중에서도 특히 내가 기억하는 장소는 '곤흘동'이라는 옛 마을이다. 제주 '곤흘동'을 처음 방문했을 때 느꼈던 감정은 참으로 묘했다. 폐허와 아름다운 자연이 함께 있는 그곳은 고요하면서도 섬뜩한 기운이 감돌았다. 학생들과 함께 걸었던 그 길에는 시간이 멈춘 듯한 분위기가 느껴졌고, 보이지 않는 역사의 흔적이 살아 숨 쉬는 듯했다. 이후 제주도를 방문할 때마다 들른 '곤흘동'은 그저 지나칠 수 없는 장소가 되었다. 이곳에서 느꼈던 감정은 한강의《작별하지 않는다》를 읽으며 자연스럽게 떠올랐다. 이 소설은 제주 4·3 사건이라는 비극적 사건을 배경으로, 트라우마와 기억, 그리고 세대 간의 관계를 탐구한다. '곤흘동'에서 느꼈던 감정은 이 작품이 전달하고자 하는 메시지와 닮아 있었다.

　작품의 주요 인물인 정심과 인선의 관계는 비극적 역사가 세대를 통해 어떻게 이어지는지 보여준다. 정심은 제주 4·3 사건에서 겪은 개인적인 상처를 침묵 속에 묻어두려 한다. 그녀는 그 고통을 직접적으로 드러내지 않지만, 그 기억은 완전히 사라지지 않고 딸 인선에게로 이어진다. 정심의 상처는 인선의 삶을 뒤흔들며 그녀의 정체성과 미래에 영향을 미친다. 이러한 상처의 세대 간 전이는 비단 소설 속 이야기만이 아니다. 이는 우리가 역사적 비극을 기억하고 애도하는 방식을 보여준다.

　작품의 결말은 비극 속에서도 새로운 삶을 시작하려는 희망을 보여준다. 인선은 어머니 정심의 이야기를 이해하고 받아들이며, 과거의 고통을 자신의 현재와 연결하려는 태도를 보인다. 이는 단순히 과거의 희생자를 애도하는 것을 넘어, 그 기억을 바탕으로 더 나은 삶을 만들어 가려는 결심으로 이어진다. 정심과 인선은 각자의 방식으로 비극을 마주하고, 이를 통해 자신들의 삶을 재구성한다. 작가는 아마 이러한 과정을 통해 고통을 극복하는 것이 아니라 끌어안는 방식으로 희망을 발견할 수 있음을 이야기하고 싶어 한 것 같다.

　내가 '곤흘동'에서 느꼈던 감정도 비슷한 맥락에서 이해될 수 있다. 처음에는 단순히 섬뜩하고 낯설게 느껴졌던 그 공간이 시간이 지나면서 자연의 평화로움과 어우러져 새로운 의미를 부여받았다. 비극적인 역사가 스며든 장소가 단순히 고통의 흔적으로 남아 있는 것이 아니라, 그것을 이해하고 수용함으로써 새로운 시각으로 바라보게 된 것이다. 이는 소설이 보여주는 메시지와도 일치한다. 고통과 기억을 외면하지 않고 이를 끌어안으며 살아가는 것이야말로 진정한 희망을 만들어 가는 과정이다.

'곤흘동'에서 느꼈던 감정은 이 작품을 이해하는 데 중요한 열쇠가 되었다. 그곳의 고요함 속에 숨겨진 섬뜩함은 단순히 지나간 비극이 아니라, 오늘날에도 여전히 이어지는 역사적 기억의 중요성을 상기시키는 것처럼. 마치 인선이 자신의 절단된 손가락의 신경을 살리기 위해 끊임없이 바늘로 찌르는 것처럼.

역사교사로서 읽은 《홍길동전》

《홍길동전》은 한국 문학사에서 최초의 한글 소설로 평가받으며, 조선 후기의 사회적, 정치적 맥락을 반영하는 중요한 작품이다.《홍길동전》의 저자 허균은 당시 사회를 지배했던 봉건적 가치관과 신분제의 모순을 비판하며, 이상 사회를 문학적으로 표현하였다. 그러나 그의 상상력은 조선이라는 시대적 배경에서 완전히 벗어나지 못한 한계를 지니고 있다.

작품의 중심에 놓인 홍길동은 조선 시대 신분제 사회의 문제를 상징적으로 드러낸다. 대표적으로 첩의 자식으로 태어난 홍길동은 서얼이라는 이유로 '호부호형'조차 할 수 없는 상황에 있었다. 허균은 이러한 설정을 통해 당시 조선의 유교적 질서가 유지한 불평등을 폭로한다. 유교 이념은 양반 중심의 사회 체계를 정당화했지만, 점차 서얼, 천민, 여성과 같은 사회적 약자들에게 깊은 상처를 남겼다. 홍길동은 이러한 억압 속에서 새로운 삶을 찾아 나서며, 기존 체제를 거부하고 이상 사회를 향한 여정을 시작한다.

홍길동이 건국한 율도국은 허균의 개혁적 상상력을 보여주는 중요한 부분이다. 율도국은 신분 차별이 없고 정의가 실현된 나라로 묘사되지만, 그 체제는 왕정의 틀을 유지한다. 이는 허균이 당시 사회의 근본적 문제를 인식하고 비판하면서도, 정치적 현실과 철학적 한계를 완전히 극복하지 못했음을 드러낸다. 율도국은 이상 사회를 제시하려는 진보적 비전의 산물이지만, 기존의 권위주의적 구조를 벗어나지 못한 또 다른 제약을 안고 있다. 이는 허균이 처한 시대적 제약과 그의 상상력이 공존하는 지점으로, 당시 지식인의 한계를 이해하는 데 중요한 단서를 제공한다.

《홍길동전》의 흥미로운 측면 중 하나는 문학과 역사적 사실의 경계를 넘나드는 방식이다. 허균이 창조한 홍길동은 실제 역사 속의 인물인 홍길동을 바탕으로 재구성되었다. 역사 기록에 따르면, 홍길동은 조선 시대 충청도 지역에서 활동한 도적으로 묘사된다. 그러나 허균은 이 인물을 단순한 범죄자가 아니라, 부패한 지배층에 맞서 정의를 구현하는 의적으로 탈바꿈시켰다. 이러한 변형은 문학적 상상력이 역사적 사실을 어떻게 활용하고, 새로운 사회적 메시지를 만들어 내는지를 보여준다. 허균의 홍길동은 단순한 허구의 산물이 아니라, 당대의 모순을 드러내고 비판하기 위한 문학적 도구였다.

역사교사로서 이 작품은 단순히 문학으로서의 가치를 넘어 역사 교육에 유용한 자료로 다가온다. 학생들에게 조선 시대 신분제 사회를 설명할 때, 홍길동의 서얼 신분이 어떤 차별과 억압을 받았는지 논의할 수 있으며 율도국의 이상 사회를 통해 당시 지식인이 상상한 개혁의 범위와 한계를 탐구하게 할 수도 있다. 이는 문학을 통해 역사적 문제를 비판적으로 바라보고, 이상과 현실의 간극을 이해하는 데 도움을 줄 수 있을 것이라고 생각한다. 더 나아가, 문학 속 홍길동과 역사적 홍길동의 차이를 비교하며 기록과 창작의 경계를 탐구하는 활동은 학생들에게 새로운 시각을 제공할 수도 있을 것이다.

《홍길동전》을 역사적 관점에서 읽는 일은 문학과 역사가 서로 어떻게 연결되고, 사회적 메시지를 전달할 수 있는지를 배우는 과정일 것이다. 이 작품은 과거의 기록을 넘어 오늘날에도 우리가 불평등과 차별에 대해 어떤 태도를 가져야 할지를 고민하게 한다. 문학과 역사가 만나는 지점에서 《홍길동전》은 여전히 중요한 대화를 이끌어 내는 작품으로 남아 있다.

2024년 수능 날, 그리고 이상 기온, 기후 변화의 경고

11월 21일 목요일, 대한민국에서 가장 중요한 날 중 하나인 수능이었다. 전통적으로 수능과 함께 찾아오는 수능 한파는 하나의 관례처럼 여겨졌다. 하지만 2024년 수능 날은 달랐다. 추운 날씨 대신 온화한 기온이 우리를 맞이했다. 혹자는 "기후 변화 때문일까?"라는 질문을 던졌고, 이는 단순한 농담처럼 들리지 않았다. 올 한해, 우리는 유독 기후 변화의 영향을 자주 체감했다. 대표적인 예로 2024년 여름, 기록적인 폭염이 있었다.

기상청에 따르면 2024년 여름 평균기온은 25.6℃로 관측 이래 가장 더운 여름이었다. 열대야 일수와 폭염 일수 또한 역대 최다를 기록했다. 충격적인 사실은 많은 과학자들이 앞으로의 여름이 이보다 더 덥고 극단적인 기후를 맞이할 것이라고 경고한다는 점이다. 그러나 대다수 사람들은 "올여름이 더웠다.", "겨울이 늦게 온다." 정도로 체감할 뿐, 기후 변화가 우리 삶에 미칠 심각한 영향을 깊이 이해하지 못한다. 이러한 무관심 속에서 기후 변화는 점점 가속화되고 있으며, 그 피해는 사회적 약자들에게 먼저 그리고 가장 크게 닥치고 있다.

2024년 한 해만 보아도, 전체 온열질환자의 30.4%가 65세 이상 노년층이었고, 25.6%는 단순노무종사자였다. 폭염 속에서 열악한 환경에서 일할 수밖에 없는 사람들, 고령으로 인해 건강이 취약한 사람들이 가장 큰 고통을 겪었다. 이는 단순히 날씨 문제가 아니라, 사회구조의 문제로도 연결된다.

제이슨 히켈의 《적을수록 풍요롭다》는 이와 같은 기후 변화와 사회적 불평등 문제를 심도 있게 다룬 책이다. 저자는 현재의 자본주의 체제가 '무한 성장'을 추구하면서 지속 가능한 발전이라는 환상을 만들어 냈다고 지적한다. 우리가 일상적으로 사용하는 상품의 양은 이미 전 세계 사람들이 평생 사용하고도 남을 정도로 충분하다. 그럼에도 불구하고 자본주의는 더 많은 생산과 소비를 요구한다. 왜냐하면 GDP 성장은 경제의 성공을 판단하는 핵심 척도로 자리 잡았기 때문이다.

GDP를 성장시키기 위해서는 생산을 멈출 수 없다. 계속해서 새로운 상품을 만들고, 자연 자원을 소모해야 한다. 그러나 이는 필연적으로 온실가스 배출을 증가시키고, 기후 위기를 심화시키는 결과를 초래한다. 기후 변화는 지구 곳곳에 극단적인 날씨를 유발하며, 이는 가난한 지역과 개발도상국, 그리고 사회적 약자들에게 가장 먼저 영향을 미친다. 예를 들어, 열악한 인프라를 가진 국가들은 홍수, 가뭄, 폭염과 같은 기상이변에 제대로 대응하지 못해 심각한 경제적, 생명적 손실을 겪고 있다.

히켈은 이러한 현실을 기반으로 '지속 가능한 성장'이라는 개념 자체가 허구임을 지적한다. 지속 가능성을 말하면서도 성장을 추구하는 시스템은 결국 자연의 한계를 무시하며, 환경적 책임과 사회적 정의를 외면한다. '지속 가능한 성장'은 단지 선진국들이 자신의 경제적 우위를 유지하기 위해 내세우는 프로파간다에 불과하다.

히켈이 지적한 대로, 기후 변화는 단순한 환경 문제가 아니다. 이는 명백히 불평등을 심화시키는 사회적 문제다. 개발도상국이나 저소득층, 사회적 약자들은 기후 변화로 인해 가장 큰 피해를 받으면서도, 문제 해결을 위한 정책에서는 배제되는 경우가 많다.

2024년 온열질환 사례에서 알 수 있듯, 폭염과 같은 극단적인 날씨는 주로 저소득층과 육체노동자들에게 직격타이 된다. 이들은 상대적으로 에어컨, 냉방 시설과 같은 기후 변화 대응 수단에 접근하기 어렵다. 또한, 극단적인 기후는 농업 생산량 감소, 식량 가격 상승, 주거 불안정 등 여러 문제를 초래하며, 이는 사회적 약자들에게 더욱 치명적인 영향을 미친다.

히켈은 이러한 불평등을 해결하기 위해서라도 자본주의 체제의 근본적인 변화를 요구한다. 자연을 무한히 착취하고, 부를 소수에게 집중시키는 현재의 경제 시스템은 더 이상 지속 가능하지 않다. 이는 단순히 환경 문제를 넘어, 인간의 존엄성을 회복하는 문제로 이어진다.

포스트 자본주의로의 전환: 더 적게 가지는 풍요로운 삶

그렇다면 대안은 무엇일까? 히켈은 포스트 자본주의로의 전환을 제안한다. 이는 성장 중심의 경제에서 벗어나, 환경적 책임과 사회적 정의를 중심에 둔 새로운 시스템을 구축하는 것이다. 여기서 '더 적게 가지는 삶'은 단순히 물질적 소비를 줄이는 것을 의미하지 않는다. 이는 자연과의 조화를 추구하며, 인간의 행복과 공동체의 유대를 강화하는 삶을 뜻한다.

예를 들어, 공유 경제, 순환 경제와 같은 새로운 경제 모델은 물질적 소비를 줄이면서도 더 나은 삶을 제공할 수 있는 가능성을 보여

준다. 재활용과 재사용, 그리고 지역 기반 경제는 자원을 효율적으로 사용하며, 모두가 기본적인 생활을 누릴 수 있도록 돕는다. 또한, 단순히 성장률이 아닌 인간의 행복, 건강, 그리고 환경 보호를 중심으로 한 새로운 성공 척도를 개발하는 것도 필요하다.

히켈은 '무한 성장'의 허상을 벗어던지고, 진정으로 풍요로운 삶을 추구해야 한다고 말한다. 우리는 더 많은 소비를 통해 얻는 일시적 만족이 아닌, 공동체와 자연 속에서 얻는 지속적인 만족을 추구해야 한다.

2024년 수능 날의 이상 기온은 기후 변화가 우리 곁에 이미 와 있음을 경고한다. 더 이상 우리는 '언젠가 해결될 문제'로 기후 변화를 방치할 수 없다.《적을수록 풍요롭다》는 이러한 위기의 시대에 필요한 근본적인 질문을 던진다. 성장의 신화를 벗어나, 환경과 사람을 중심에 둔 새로운 경제 시스템을 설계해야 할 때다.

더 적게 가지는 것이 진정한 풍요로 이어질 수 있다는 히켈의 메시지는 단순히 개인적인 미니멀리즘의 실천을 넘어, 사회와 경제 체제의 변화를 요구한다. 우리 모두가 자연과 공존하며, 불평등을 해소하고, 지속 가능한 미래를 만들어 가는 데 동참할 때, 비로소 우리는 진정으로 풍요로운 세상을 경험할 수 있을 것이다.

존 듀이, 《경험과 교육》

 많은 선생님들이 듀이를 '경험만을 강조한 진보적 교육의 대명사'로 오해한다. 실제로 임용시험을 공부하거나 여러 선생님과 스터디를 하면서 듀이는 경험 중심, 진보 교육이라는 도식을 그리며 외우기 때문일 것이다. 하지만 존 듀이의 《경험과 교육》을 읽으면서, 그것은 존 듀이에 대한 오해였다는 것을 느꼈다. 실제로 듀이는 전통 교육의 한계를 비판하면서도, 교과나 체계적인 지식을 완전히 배제하지는 않았다.

 듀이는 전통 교육의 단점을 분명히 비판했지만, 전통 교육이 가진 조직성과 교과적 체계의 가치를 인정했다. 그는 학생들이 단순히 경험만 하는 것이 아니라, 그 경험을 통해 깊이 있는 지식과 기술을 습득하도록 체계적인 틀이 필요하다고 보았다. 따라서 듀이를 단순히 경험만 중시했다는 주장은 그의 교육 철학을 지나치게 단순하게 본 것에 불과하다.

듀이가 이 책을 쓴 이유를 알기 위해서는 1930~40년대 미국 교육에 대해 먼저 알아야 될 것 같다. 1930~40년대 진보주의 교육은 학생 중심 교육과 자유로운 학습 환경을 강조하면서, 기존의 교사 중심의 교육과 교과 중심 교육을 반대하였다. 하지만 이는 여러 가지 문제점을 야기하였는데 첫째, 진보주의 교육이 지나치게 개방적이고 비구조적인 형태로 운영되면서, 학생들이 학습 목표를 잃거나 방향성을 상실하는 경우가 많았다는 점이다. 둘째, 진보주의 교육은 전통 교육에서 축적된 지식, 교과 내용, 규율 등을 배격하는 경향이 있었다. 셋째, 진보주의자들은 자유에 대해 오해하였다. 진보주의 교육에서 강조된 학생의 자유는 때로는 방임으로 이어질 위험이 있었다. 이러한 문제점이 대공황, 제2차 세계대전이라는 정치, 경제적 사건을 거치면서 진보주의 교육 때문에 사회문제가 발생했다는 전통주의자들의 비판이 있었고, 듀이는 이러한 비판에서 자신을 보호하기 위해 쓴 것으로 보인다.

듀이는 전통주의와 진보주의가 대립해야 할 대상으로 보지 않았다. 그는 교과를 단순히 암기나 훈련으로 여기지 않고, 경험의 일부로 포함시켰다. 그의 핵심 주장은 "경험이 교육의 출발점이자 목표가 되어야 한다."라는 것이다. 즉, 교과는 학생들의 경험 속에서 자연스럽게 흡수되고, 이를 통해 의미를 얻어야 한다. 듀이가 말한 경험 중심의 교육은 단순히 흥미로운 활동이나 자유로운 탐구만을 의미하지 않는다. 그는 경험이 질적으로 유의미하려면 적절한 구조와 방향이 필요하다고 주장했다. 예를 들어, 수학이나 과학 같은 교과 지식은 일상적인 문제 해결이나 실험 활동 등과 결합될 때 학생들에게 진정한 학습으로 자리 잡는다. 이는 단순한 지식 전달이 아닌, 학생들이 교과를 통해 삶에서 활용할 수 있는 실질적인 능력을 갖추도록 돕는 과정이다.

듀이는 모든 경험이 교육적으로 가치 있는 것은 아니라고 강조했다. 잘못 설계된 경험은 학생들에게 흥미를 유발할 수는 있지만, 이후 학습에 장애를 줄 수도 있다. 그는 교육적 경험의 두 가지 핵심 요소로 연속성과 상호작용을 제시했다. 연속성은 과거의 경험이 현재와 미래의 학습에 유기적으로 연결되는 것을 의미한다. 학생들이 이전에 배운 교과 내용을 통해 새로운 경험을 이해하고 확장해 나가는 과정이 교육의 핵심이다. 상호작용은 학습자가 환경과 어떻게 관계를 맺고 영향을 주고받는지를 나타낸다. 교과는 이 상호작용 속에서 경험을 심화하고 방향성을 부여하는 역할을 한다. 여기서 교사의 역할이 중요해진다. 교사는 단순히 지식 전달자가 아니라, 학생들의 경험을 설계하고 촉진하는 역할이 주어진다. 교사는 학생들의 경험을 연결하고 조직화하며, 학습 목표를 향해 나아갈 수 있도록 해야 한다. 듀이의 표현을 빌리자면 교사는 지시를 내리는 지도자에서 리더가 되어야 한다.

듀이가 남긴 철학은 오늘날 교육 현장에도 여전히 유효하다. 특히 우리나라는 입시 중심의 교육 과정으로 인해 대부분의 현장에서는 여전히 교사 중심, 교과 중심의 교육 과정을 운영하고 있는 실정이다. 하지만 정보가 넘쳐나는 디지털 시대에 단순히 지식을 암기하는 교육은 더 이상 효과적이지 않다. 반대로 학생들에게 지나친 자율성과 창의성을 요구하는 것 역시 교육적으로 알맞지 않다(듀이는 자율성을 보장한다는 이유로 학생들이 예의 없게 구는 것은 진보주의 교육이 가지고 있는 문제점으로 보았다). 이 책을 읽으면서 교육이 무엇이며 어떻게 이루어져야 하는지에 대해 다시 한번 생각하게 되었다. 내서중학교에 3년 있으면서 100년 전 듀이가 이야기한 내용을 실천하지 못하고 있는 것 같다. 남은 기간 학생들이 앞으로의 삶에서 더 나은 경험을 만들어 갈 수 있도록 수업이나 행사에 조금 더 신경을 써야 될 것 같다.

더불어

눈빛이 마주치면 푸른 별빛이 되고
손을 맞잡으면 따뜻한 손난로가 되고
두 팔을 힘주어 껴안으면
뜨겁게 감동하는
우리는
서로에게
기쁨이 되어 살아야 한다.

- 이동진, 삶 중에서 -

《교실 속 자존감》

2024.05.08 수 오후 4:30~

- 이승아

올해 2024년 첫 홀더 모임입니다. 홀더는 '홀로 더불어'라는 저희 책 모임 이름입니다.

정확하게 몇 년도부터는 모르겠는데 내서의 모든 교직원이 1권의 책을 읽고 1학기 최소 세 번 정도는 책 이야기를 나누고 있습니다.

주제는 매년 좀 다양했고요. 자연과학, 문학, 소설 여러 가지였는데 시작은 좀 교육적인 책으로 시작했습니다. 올해는 어떻게 할까요?

- 이인주

다양한 주제를 해도 상관없겠지만 교육적인 문제를 다루는 책을 중심으로 했으면 합니다.

• **이승아**

　전문적 학습공동체 활동으로 이 모임을 하고 있으니 교육적인 걸로 하는 것도 의미가 있을 것 같습니다. 교육 경력이나 가치관, 취향 등이 다양하시지만 아이들을 바라보는 시선을 비슷하게 맞추어 가는 것이 이 책 읽기 모임의 의도입니다.

　추천한 사람이 먼저 왜 추천했는지 얘기하고 돌아가면서 읽은 소감이나 좋았던 구절을 나누어 주시면 되겠어요.

　저는 이 책을 작년 11월에 출장에서 받았어요. 3~4권을 가져와서 여기 깔아놓았는데 작년 보건 선생님이 금방 읽으시고는 우리 홀더에서 할 만하다 하셨고 또 저도 살짝 보니까 크게 어렵지 않고 해서 학기 초에 좀 바쁠 때 읽기 괜찮겠다 싶더라고요.

　조금 가벼운 느낌으로 빨리빨리 읽으면서 이렇게 넘어가도 되나 이런 느낌으로 읽었는데도 불구하고 또 좀 챙겨야 되는 생각이라든가 건질 만한 활동이라든가 그런 구절들이 있어서 줄을 많이 그어 가면서 읽었습니다.

• **홍성근**

　저 같은 경우에는 이 책을 보면서 예전에 교육학을 내가 허투루 공부한 게 아니었구나. 내가 공부한 대로 하고 있나? 약간 반성히는 느낌으로 읽었어요. 커뮤니케이션 이론 같은 것도 나오고 과잉 정당화 이론 이런 것도 나오고 하는데, 개인적으로 자존감하고 자존심을 구분하는 부분이 인상적이었어요. 71쪽, 72쪽에서 자존감은 자기 자신을 존중하는 힘이요, 자존심에는 열등감이 포함되어 있다. 자존심은 '남과 비교해서 자신이 더 훌륭할 때 느끼는 것이다.'라고 하는 구절에서 저희 반 아이가 1명 떠오르더라고요.

어떤 친구가 모둠 일기에 이런 내용을 썼더라고요.

'자기는 어떤 친구보다 축구를 잘한다.', '나는 누구보다 배드민턴을 잘한다.' 이런 식으로 다른 사람한테 나를 비교해서 '내가 누구보다 무엇을 잘한다.'라는데 잘 생각해 보면 '이 친구가 비교 대상으로 삼았던 친구들에게 열등감이 있겠구나.'라는 생각이 들었어요. 자존감이 좀 많이 낮은 친구구나. 그걸 일기에 표현했다는 것은 어딘가 결핍이 있지 않을까 그런 생각을 좀 해봅니다.

그리고 이 책에 나오는 일본의 카나모리 선생님의 얘기를 들어보니까 비극적인 일이든 좋은 일이든지 다 공유를 하더라고요. 관계를 위해서… 특히 아버지가 돌아가셨다는 스토리, 이런 이야기를 친구들에게 정말 있는 그대로 얘기하고 거기에 대해서 생각할 수 있는 시간을 주더라고요. 우리 교육 현장을 보면 그런 비극적인 얘기를 안 하게 하는 그런 경향이 있지 않나 싶어요.

'책에서도 비극적인 일이 있으면 그걸 해소할 수 있는 공간을 마련해 주어야 한다.'라는 취지로 얘기를 하는데, 세월호나 이태원 참사였을 때 내서중학교뿐만 아니라 다른 학교에서는 어땠을까, 그 또래 아이들이 안 좋은 일이 있었을 때 우리가 충분히 우리 친구들을 위해서 애도의 공간을 마련해 주었던가, 정치적이라는 이유로 그냥 막고 있지 않았나 하는 약간 반성 아닌 반성을 좀 했습니다.

- **김태완**

저는 '이 책이 내서 교육이랑 거의 일맥상통한 얘기가 아닌가?'라는 생각을 해봅니다. 내서 교육 자체가 학생들의 내면의 힘을 스스로 키우는 데 그 근본이 있다고 생각을 했는데, 그것이 바로 자존감에 대한 얘기가 아닌가 싶습니다.

학생들한테 자존감을 키워주는 데 가장 선행돼야 될 게 아무래도 선생님들의 자존감이 더 성장해 있어야 되지 않을까 이런 생각을 하고요.
자존감을 높이기 위해서 자존심을 부리지 말고 좋은 얘기들이 수시로 이렇게 오갔으면 합니다.

- **이인주**

저도 선생님들의 자존감이 대단히 중요하다고 생각합니다.
교사가 좀 잘못할 수도 있는데 잘못했으면 미안하다고 솔직하게 사과할 수 있는 힘이 있어야 되는데 그게 이제 잘 안될 때가 있는 것 같아요. 학생들의 자존감을 키워주려고 하기 이전에 교사 스스로의 자존감을 탄탄하게 정립하는 것이 중요하다는 생각을 했습니다.
여기 책 어딘가에 이제 교사의 능력 중에서 대단히 중요한 능력으로 연결시켜 주는 능력이라는 말이 나옵니다. 연결을 시켜주려면 학생 개개인에 대한 이제 관찰력이 있어야 하고 그 관찰한 것을 연결시켜 줄 수 있는 그런 힘이 굉장히 중요하다고 했습니다.

아까 홍성근 선생님이 말했던 것처럼 이런 안 좋은 일이 있거나 슬픈 일이 있거나 할 때 그걸 공유하면서, 그걸 어떻게 잘 연결시킬 수 있나 이런 것도 좀 고민해 봐야 할 지점인 것 같아요.

그리고 감정에 대한 이야기를 또 많이 하죠. 감정을 드러내게 하고 감정을 공유하는 것이 중요하다고 하죠. 교사가 교육할 때 어떤 지식을 전달하는 것도 중요하지만 학생의 감정을 알아채고 감정을 충분히 공감해 주는 그런 역할이 대단히 중요한 것 같아요.

감정 공유하는 방법에 대해서도 여러 가지가 나와 있었는데 눈을 맞추는 것 그러니까 비언어적 표현이 대단히 중요한데 우리가 잘하고 있는지 한번 생각을 해볼 필요가 있을 것 같아요.

교사들이 바쁘니까, 서류 작성하면서 말은 듣고 있지만, 눈을 맞추지 않고 듣는 게 좋은 방법이 아니라는 예가 있어요.

아무리 바쁘더라도 학생이 오면 책을 놓고 눈을 맞추면서 대접받는다는 느낌이 들게 만나는 게 중요할 것 같아요.

제 경험을 하나 이야기하자면 청송 어느 학교에 있을 때 학교 가는 게 무척 즐거웠거든요. 즐거웠던 이유 중 하나는 교무실에 출근을 하면 동료 교사 중에 2명 정도가 날마다 만나는데 날마다 너무너무 반갑다는 듯이 얼굴을 활짝 펴고 웃으면서 어서 오라고 막 하니까 내가 그리 귀한 사람인가, 이런 생각이 들면서 출근길부터 기분이 너무 좋으니까 학교 가는 게 즐겁더라고요.

우리도 애들한테 만날 때마다 그냥 얼굴을 완전히 얼굴을 활짝 펴고 웃으면서 맞이하는 것을 좀 실천해 보면 어떨까 합니다.

- **이승아**

그게 20쪽에 이제 이분이 미국 가서 잘 못 알아듣고 막 이럴 때 그 한 선생님이 도와줬을 때 마치 어둠을 뚫고 들어오는 빛 같은 힘을 가진 미소를 만난 듯하다고 했잖아요.

저희가 힘이 없을 때 학생들한테 이런 미소로 기운을 얻기도 하고요. 또 우리 동료끼리 주고받을 수도 있다고 생각해요.

- **남창희**

처음에 한인 총기 난사 사건, 그 부분에 대해서 예전에는 사실 굉장히 부정적으로 많이 바라봤었는데 이 책을 읽고 나서 다시 한번 생각을 해보게 되더라고요. '상황이나 맥락을 모르고 그냥 단면적인 것만 보는 경향이 있는데 이 사건뿐만 아니라 지금 현재 저희가 애들을 바라보는 입장에서도 사실 맥락을 보지 못하고 단면적으로 학교에서 보이는 면만 좀 볼 수도 있지 않을까.'라는 그런 생각이 갑자기 문득 들더라고요.

그래서 '애들을 제대로 이해하기 위해서 애들이랑 많이 얘기도 하고 많이 좀 친해져야겠다.'라는 그런 생각을 했는데, 제가 이제 2개월 돼서 조금 편안하게 애들 대하려고 하지만 그래도 조금 아직까지는 저도 조금 낯을 가리는 그런 게 좀 있는 것 같아가지고, 이거를 어떻게 낯을 가리는 걸 좀 해결해야 되나 사실 그런 고민도 좀 있고 한데 또 이 책에서 또 그런 거에 대해서 되게 잘 얘기를 해주더라고요.

'나의 감정을 표현하라고, 아이들한테 솔직하게 표현을 하고 그러면서 이제 공감대 형성도 하고 이런 다양한 얘기들을 해주는 걸 보면서, 적용을 해봐야겠다.'라는 생각을 했어요. 제가 조례랑 종례 시간도… 월요일 날도 애들 얘기하는 거 듣기만 듣고 제가 뭘 했는지는 얘기를 안 했었던 것 같은데 '저도 주말에 뭐 했는지도 한번 애들하고 얘기를 좀 해보고 그러면 또 애들이 또 더 편안하게 쌤도 이런 일상을 보냈구나 좀 친밀하게 생각을 할 수 있지 않을까.'라는 그런 반성도 좀 하게 됐던 것 같습니다.

저도 아까 홍성근 선생님이 얘기했던 거랑 마찬가지로 작년에 배웠던 교육학 내용들을 많이 보았습니다.

'에릭슨'이라든가 '조하리의 창', 그런 거를 그냥 사실 단순하게 외우기만 했었거든요. 왜냐면은 시험이다 보니까 그 내용을 암기해 가지고 이걸 어떻게든 풀어 문제에 맞게 그냥 답을 적어야 되는 시험이다 보니까 깊게는 생각을 안 해봤는데 그런 내용들을 해석하고 적용하니까 더 와닿는 부분이 있는 것 같아요.

'어떻게 하면 애들의 숨겨진 영역이나 모르는 미지의 영역까지도 발견할 수 있을까.' 그런 고민도 해보게 되었습니다.

- **백선진**

이제 이 책을 읽으면서 나에게 엄청난 자존감을 길러주셨던 선생님 한 분이 생각이 났거든요.

자존감을 높이는 방법 이런 것들이 있는데 이거 내가 초등학교 때 담임 선생님이 하셨던, 그 총각 선생님이셨는데 스물아홉 살이셨는데 결혼을 안 하시고 항상 저희랑 이렇게 놀았어요.

여기 나오는 게임을 비슷한 게임들을 하면서 '짝 바꾸기', '이름 불러주기', 그렇게 선생님하고 1년을 보내면서 되게 친밀해졌고 그때부터, 얌전히 그렇게 튀지 않는 아이였다가, 선생님을 만나면서 이제 터진, 그때 그런 시절을 보내서 내가 이렇게 됐나 이런 생각이 들 정도로 선생님이 계셨어요.

교사가 되고 나서 이런 책을 읽어보니 아이들에게 관심을 더 집중해야겠다 싶었어요.

저한테 오는 아이들은 엄청난 문제를 갖고 있는 아이들이거든요.

그러니까 이제 평소에 이렇게 소소하게 처치하고 이런 게 아니라 진짜 뭔가 큰일이 닥쳐서 저한테 오면 자살, 성폭력, 그런 큰 사건이에요.

진짜 신규 때는 감당이 안 될 정도라서, '어떻게 보면 조금 다가가기가 무서워서, 차라리 나한테 얘기 안 해줬으면 좋겠다.' 그런 게 있었는데 이제 이걸 읽고 나서는 평소에 조금 아이들한테 더 관심을 가져서 그렇게 되기 전에 도와야겠다는 생각이 더 강해졌어요. 예전에 TV에 보니까 여자 형사님이 퇴직을 하셔서 지금 하시는 일이 뭐냐면 반사회적 인격 장애나 이렇게 범죄를 일으킬 수 있을 만한 그런 사람들을 모아서, 범죄자가 되지 않게 교육을 하고 그 사람들과 프로그램을 하고 그런 사업들을 하시더라고요.

그래서 '그렇게 아이들의 문제가 커지기 전에 관심을 가지고 보면 조금 더 방지할 수 있지 않을까.' 하는 생각이 들었습니다.

- **권혁남**

저도 말씀을 드려야 될 부분인데 저는 이런 책 읽고 이렇게 나누는 것 자체가 처음이고요. 이 책도 다 읽어보지 못했고 이제 읽는 중이고 그런데 나의 입장에서는 이 책을 읽으면서 두 곳에 좀 시선이 가는 부분이 있었는데 한 곳은 '어떤 학생을 위해서 많이 기도하고 학생을 만난다.'라는 부분과 지금 내가 진로 선생이다 보니까 진로에 관한 예시가 있는 부분이에요. 읽으면서 나는 애들을 위해서 얼마나 기도하고 애들을 만났는가, 나도 애들이 제대로 성장하기를 바라면서 많이 고민하고 또 고민하면서 대하고 있는데 그 문제가 언제 교정되는가, 참 지고지순한 기다림을 요구하는데 우리 선생님들은 언제까지 기다릴 수 있는 힘이 있는가 그런 생각을 좀 했습니다.

- **이승아**

이렇게 또 다양하게 책 안에서 느낄 수 있는 부분들이 조금씩 다를 수 있을 것 같고요.
177쪽에 "상담이나 가르침은 예술과 같습니다. 그래서 선생님도 자기 자신이 예술을 한다는 마음으로 정교하게 가르치고 아름답게 상담할 수 있도록 가다듬는 자세가 필요합니다."
라고 하는데, 제가 이제 최근에 계속 공부하고 있는 발도로프 교육학 쪽은 '루돌프 슈타이너(Rudolf Steiner)가 가르치는 일은 교육 예술이다.' 이렇게 표현을 하는 거예요.

그러니까 그전까지는 정말 성적 내고 그냥 내가 받은 교육처럼 그냥 외우라고 암기시키고 주어진 어떤 지식을 아이들이 잘 학습하게 하고 그런 되게 실리적인 것을 교육학이라고 생각을 한 거예요.

근데 한 5년 정도 이제 공부했는데 내가 하는 말과 이 수업의 한 시간이 그냥 예술처럼 한 시간이 흘러갈 수도 있구나 어떻게 해야 되지 막 이런 생각들이 들면서 내 나름대로 여러 가지 도구들을 막 써가면서 하는데 어떤 날은 한 시간이 너무 꽉 잘 짜인 예술작품 같을 때가 있는 거예요.

어떤 친목과 상호작용과 말끔한 하나의 작품처럼 느껴지는데 그게 저 혼자, 제가 리드한다고 되는 게 아니고 아이들의 질문과 아이들의 모둠 활동과 이런 거 안에서 어우러지잖아요.

그렇게 만들기가 참 어려운데 그래서 교사의 창의성, 교사의 예술혼 이런 게 중요하다고 하더라고요.

여러 선생님들 얘기 들으면서 어떻게 내서 안에서 교사의 자존감을 기를 수 있을 방법이 있을까요?

저도 들락날락해서 어떨 땐 내가 되게 잘하고 있는 것 같다가 어떨 때는 또 바닥처럼 이게 영어가 중요한데 애들은 영어를 못하는 것 같고… 그런 고민에 빠질 때가 있는데 어떻게 우리는 교사의 자존감을 기르죠?

• 이인주

여기 책에서 애들의 감정을 충분히 받아주고 충분한 의사소통을 할 때, 애들의 자존감이 길러진다고 했잖아요.

그럼 어른도 마찬가지가 아닐까 싶어요. 타인한테 좀 인정받고 사랑받고… 있는 그대로 우리가 우리끼리 의사소통할 수 있을 때, 우리 스스로 실수해도 괜찮고 잘하고 있다는 걸 믿을 수 있으니까, 우리 교사 공동체가 좀 더 자주 만나고 좀 더 자주 이야기를 나누고 그래야지 우리 자존감이 올라가겠죠. 나 혼자 잘한다고 자존감 올라가는 것 같지는 않아요.

• 이승아

혼자 막 그냥 밀실에서 어떻게 하지 고민해요.

• 홍성근

보니까 OECD 연구나 아니면 기사에서 보니까 코로나 이후에 교사 공동체는 참 많이 무너졌다 해요. 심지어 연주도 줌으로 하는 시대이기 때문에… 그래서 공동체성을 살리지 않으면 결국 개별화, 파편화될 거예요. 책에서 말한 자존감을 높이는 방법이 1개잖아요. 관계성이 무너지는 순간 교사도 죽고 학생도 죽는다고…

• 이인주

그래서 퇴근을 좀 늦게 하더라도 이런 모임이 필요해요. 퇴근 시간 안에 모든 걸 해결할 수는 없으니까, 만나기가 힘들고 그러다 보면 잘하고 있는데도, 지금 이승아 선생님이 얼마나 잘하고 있어요. 잘하고 있는데도 혹시 내가 잘못하고 있는 거 아닌가 하는 의심을 하게 되고 위축될 수도 있고 그렇거든요.

- **이승아**

감사합니다. 잘하고 있다고 하시니 위로가 됩니다.
혹시 다른 덧붙이고 싶은 말씀 없으면 여기서 마무리하겠습니다.

《이토록 사소한 것들》

2024.07.10 수 오후 2:30~

- **이승아**

제가 추천은 했는데 짧고 굵어서 빨리 읽으실 수 있었을 거예요. 저는 개인적으로 장편을 좋아하지만 방학 때나 읽어야지 학기 중에는 장편을 못 읽겠더라고요.

그래서 고등학교 때부터 단편 소설들을 좀 많이 읽었어요. 이 작가의 책 중에 먼저 번역이 됐던 책이 《맡겨진 소녀》였고 작년 여름에 홍은선 선생님이 김영순 선생님한테 선물로 드린 책이 이 책인데 선생님이 너무 좋으셨대요. 저도 사서 읽었는데 너무 좋았어요.

다른 책 모임에서 그 책으로 책 모임을 했어요. 책은 어쨌든 저희 모임의 매개체고 책을 얘기하다 보면 우리 얘기들이 연관되어서 많이 나오잖아요. 저희의 공동체성이나 전문적 학습공동체를 위해서 홀더가 정말 몇십 년을 이어온 그런 부분도 있어서 같은 작가의 다른 책으로 한번 해보면 좋겠다 싶어서 《이토록 사소한 것들》을 추천했어요.

상반기 베스트셀러인데 번역된 건 2개밖에 없어서 그리고 아일랜드에서는 되게 추앙받는 작가이기도 하고요.

• **김영순**

저는 너무 밝은 얘기, 행복한 얘기에는 관심이 가지 않아요.

저는 그렇던데, 남는 것도 없고, 그냥 웃고 끝나는 것 같던데… 저는 여기 문장에도 나오듯이 이 근원을 알 수 없는 불안함과 심란함을 종종 느껴요. 저는 사람을 사귈 때도 이렇게 어둠이 없는 사람, 아픔이 없는 사람은 그렇게 오랜 친구로 남지도 않고 이렇게 내 속마음을 터놓을 어떤 대상자는 아닌 것 같아요.

그래서 오히려 이런 글을 통해서 내 내면이나 다른 사람 내면을 더 볼 수 있어요. 나는 이 글을 읽으면서 어둡다고만 생각해 본 적은 없어요.

• **권혁남**

그것보다는 '경제적 발전 수준에 따라서 소설 속에 등장하는 그린 과정을 다 거치는구나.'라는 생각을 했어요.

지금이야 아주 옛날 얘기겠지만 어느 나라든지 다 그런 과정을 거치잖아요. 우리 어렸을 때 학교에서 무연탄 비벼서 난로에 넣었던 적도 있었고…

• **이승아**

세탁소 사건도 솔직히 우리나라에도 없었던 건 아니잖아요. '형제복지원 인권침해 사건'도 있었죠.

• **권혁남**

어느 나라나 다 저런 과정을 거치는데 어떻게 행동하느냐에 따라 이후의 삶이 달라지는 것 같아요. 자기 내면에서 울리는 양심에 따라서 사람들이 고통을 감내하고 들고 일어나느냐 아니면 그냥 조용히 사느냐를 선택해야죠. 그렇게 살려면 상당한 용기가 필요한 거잖아요.

작은 애 하나를 구출해서 나올 적에, 그렇게 행동을 하기까지는 얼마나 고민을 했겠어요. 나는 그 부분이 가장 신경이 쓰이더라고요. 단순한 일이 아니죠. 실질은 더 많은 고민을 했어야지 되는 일이니까, 그렇게 행동할 때에는 정말 그 이후에 일어날 수 있는 일들을 생각할 수밖에 없잖아요.

마지막 장면 이후가 더 걱정이 되는 거지요. 상황이 안 좋아지면 그 사람이 어디서 뭐랄까 누구한테 맞을 수도 있고 아니면 동네를 떠날 수도 있고 아니면 잘못하면 그 사람을 교도소 같은 데 가둘 수도 있고 그것은 어떤 그 후의 상황이 어떻게 될지는 모르는 거지만 그런 것 때문에 우리나라도 양심수라고 하는 사람들 있잖아요.

자기 행동은 떳떳해도 법이 자기 편이 아닐 수 있는 거죠.

- **이인주**

수녀원이 굉장히 위선적이잖아요.

주인공이 자기 딸들이 아니니까 모른 척할 수도 있었는데 모른 척할 수 없었던 것은 이 주인공의 삶하고 연결이 돼 있어서 그런 것 같아요.

만약에 자기 어머니가 미시즈 윌슨 그분한테 받아들여지지 못했다면 자기도 그 아이들하고 똑같은 신세, 자기 엄마도 똑같이 거기에서 그렇게 대우받았을 거라고 생각하니까, 자기 처지가 대입이 되니까 용기를 낼 수 있었던 것 같아요.

아내는 그런 경험이 없기 때문에, 내 딸들의 처지가 아니니까 그냥 모른 척하라고 그렇게 이야기하는데 주인공은 자기 인생을 돌이켜 보니 모른 척할 수가 없었던 거죠. 위험한 상황이 올지도 모르겠지만…

119쪽 중간 부분부터 함께 볼까요.

> 문득 서로 돕지 않는다면 삶에 무슨 의미가 있나 하는 생각이 들었다. 수십 년을 평생을 단 한 번도 세상에 맞설 용기를 내보지 않고도 스스로를 기독교인이라 부르고 거울 앞에서 자기 모습을 마주할 수 있나, 아이를 데리고 나오면서 폴롱은 얼마나 몸이 가볍고 당당한 느낌이던지 가슴 속에 새롭고 새삼스럽고 뭔지 모를 기쁨이 솟았다. 폴롱이 가

장 좋은 부분이 빛을 내며 밖으로 나오고 있을까. 폴롱은 자신의 어떤 부분이 그걸 뭐라고 부르든 밖으로 마구 나오고 있다는 걸 알았다. 대가를 치르게 될 테지만 그래도 변변치 않은 삶에서 폴롱은 지금까지 단 한 번도 이와 견줄 만한 행복을 느껴본 적이 없었다. 갓난 딸들을 처음 품에 안고 우렁차고 고집스러운 울음을 들었을 때조차도…

저는 이 부분이 참 와닿았어요.

- **권혁남**

김대중 대통령의 한 말 "행동하지 않으면 인생은 바뀌지 않는다."라는 말이 생각났어요. 그 사람으로서는 무지 고민한 끝에 한 행동이지만 하나하나의 행동이 세상을 만들어 가는 거니까 조금 힘들지만 그래도 행동해야 한다고 생각해요.

- **백선진**

그 뒷부분 120쪽 마지막 문단도 봐주세요.

최악의 상황은 이제 시작이라는 것을 알았다. 벌써 저 문 너머에서 기다리고 있는 고생길이 느껴졌다. 하지만 일어날 수 있는 최악의 일은 이미 지나갔다. 하지 않은 일, 할 수 있었는데 하지 않은 일, 평생 지고 살아야 했을 일은 지나갔다.

이 부분이 엄청 가슴에 와닿았습니다.

- **이인주**

만약에 하지 않았다면 평생 죄책감으로 남고 평생 도망치고 싶고 그랬겠죠.

- **김민아**

처음에 아무 생각 없이 《이처럼 사소한 것들》, '아, 재밌겠다.' 하고 딱 읽었는데 처음에 제일 인상 깊었던 것은 유아차라는 표현이에요. 보통은 유모차라고 쓰는데, '이 작가가 뭔가 그렇게 다른 시선을 가지고 있구나.'라는 생각을 하고 읽으면서, 저는 계속 불안한 게 제가 추리소설이나 그런 영화를 너무 많이 보아서 그런가, 이 딸들한테 무슨 일이 자꾸 일어날 것 같은 거예요.

그러니까 제가 불안했던 건 '나의 딸들에만 문제가 없으면 되지.'라는 사상으로 계속 뭔가 이렇게 못 본 척하고 지나가는데, 어디서 딸 하나를 잃어버릴 것만 같고 계속 불안감을 느끼면서 끝까지 읽었어요.

사실 저는 '이 끝부분에서 결론이 났다.'라고 생각을 했거든요. 근데 선생님들께서 "이제 끝까지 계속 불안하게 가고 결론이 안 났다."라고 말씀을 하셔서 아까 전에 다시 읽어봤어요.

어쨌든 행동했다는 것이 굉장히 중요하기 때문에 저는 약간 '결론이 났다.'라고 생각을 했던 것 같아요. 읽으면서 계속 불안불안했는데 '그래도 아이가 없어지지는 않은데.' 하는 안도감을 느꼈어요. 이 아이가 다른 가족들과 다른 딸들과 잘 지냈으면 좋겠다는 생각이 들었어요.

• 김영순

마지막 장에 보니까 이런 얘기가 나와요.

지금 불안하지만 그 여자아이가 이미 겪은 것이 최악의 불안이고 불행인데 이 주인공이 어떤 상황에 닥치더라도 그거 이상은 아닐 것이라고…

그래서 당당하게 맞설 수 있을 거 같아요.

• 이인주

뒷이야기는 안 나와 있지만 우리가 뒷이야기를 상상해 본다면 수녀원이 물론 막강한 세력을 갖고 있기 때문에 여학교에 다니고 있는 자기 딸들에게 불이익이 올지도 모르겠지만 폴롱이 동네에서 평판이 좋은 사람이고 다른 사람들도 알면서도 차마 용기가 없어서 쉬쉬하고 있었기 때문에 좀 어려움은 있겠지만 한 사람이 먼저 행동했기 때문에 뒤에 다른 알고 있는 사람들이 동참하게 될 것 같아요. 불씨가 붙은 거죠. 불씨가 붙었기에 다른 사람들이 동참할 것이고 수녀원은 결국은 문을 닫거나 그렇게 될 거라고 상상했어요.

• **김민아**

저도 이 소설 속의 와이프나 아이들이 약간 새로운 이런 친구가 왔을 때 사실 이렇게 보듬을 것 같은 분위기가 느껴졌거든요.

마지막에 애를 데려오더라도 배척하지 않고 정말 가족으로서 잘 지낼 것 같은 느낌이 들었어요. 특히 이 주인공이 어르신과 함께 지냈던 것처럼 그렇게 지내지 않을까 했어요. 거기 수녀원이 앞으로 어떻게 되고 이런 문제까지는 생각을 안 했고 그냥 이 가족의 구성원으로서 이 아이가 잘 받아들여져서 잘 지낼 것 같다는 느낌으로 그냥 끝맺어서 괜찮았어요.

• **이인주**

나는 좀 다른데 집에 애를 딱 데리고 가는 첫 장면에서 벌써 어려움이 있을 것 같아요. 집에 들어서자마자 아내가…

• **김민아**

왜 데려왔냐?

• **홍성근**

우리 딸 생각 안 하냐?

• **김민아**

우리가 형편이 넉넉지 않은데 너네 아빠가 또 누구 주려고 한다.

아내는 이런 말을 하면서 나누는 걸 싫어할 수도 있어요. 그래도 아내가 이 남자를 사랑한다는 게 저는 느껴졌거든요.

그래서 딱 처음에 맞닥뜨렸을 때는 정말 힘들고 화도 나고 아무것도 안 되겠지만 그래도 서로 잘 보듬을 수 있을 것 같아요. 저의 희망 사항인지 모르겠지만…

- **남창희**

처음에는 내용에만 집중하다가 마지막쯤에 든 생각은 결국에 아이를 데려오는 그 장면이 주인공이 과거의 자기를 마주치는 장면이라고 생각했어요. 주인공이 용기를 내서 과거의 자기를 바라보고 과거의 자기를 구원하는 느낌이 들었어요.

그 장면을 보면서 이 사람은 과거의 자기를 받아들였구나. 그러니까 분명히 그 수녀원에 있는 자기는 되게 어둡고 불행한 자기를 나이 먹은 자신이 이제 스스로를 구원한 거라고 봤어요.

- **일동**

어머, 아 멋있다. (박수)

- **홍성근**

스스로를 구원한 거죠.

• **김민아**

해석도 멋있고 표현도 멋있어요.

• **이승아**

자기 자신을 마주친다는 게, 직시하는 게, 그게 얼마나 불편했을까 싶네요.

어린 시절의 아픔과 상처와 이게 이 아이를 통해서 또렷이 보이는데, 그걸 안 보고 싶어, 안 꺼내고 싶어 이러는데, 그걸 다 보면서 어린 자기를 데려오듯이 데려온다는 거군요.

• **홍성근**

남창희 선생님 말을 들으니까 여기서 네드라는 사람이 왜 나왔는지 이제 이해가 되네요.

네드라는 사람이 왜 나왔을까 이걸 했는데 자기 상처이면서도 의지하는 존재였네요.

• **이인주**

미시즈 윌슨이나 네드나 이런 사람이 없었으면 자기도 그 소녀랑 똑같았을 거잖아요.

그러니까 네드나 미시즈 윌슨이 일상적으로 자기한테 베풀어 준 그 사소한 것들이 너무나 감사하고 고마운 거죠.

- 홍성근

이제 자기도 베풀 때다, 이런 느낌으로, '그리스도인의 삶을 살겠다.'라는 느낌으로 소녀를 데려온 것 같네요. 남창희 선생님 말을 들으니까 이제 확 와닿네요.

- 이인주

사소한 것들이 축복인 것이죠.

- 홍성근

위로받지 못한 존재들을 위하여 내가 그 사소한 것들이 되겠다.

- 이인주

근데 1985년이 이렇게 험악한 시절이었나요? 1885년 같은 느낌이에요. 수녀원에 있는 사람들뿐만 아니라 너무 경제적으로 힘들어서 고양이한테 주려고 한 우유를 갖다가 훔쳐서 먹는 소년도 나오고 하니까 그렇게 힘든 시절이었나 싶더군요.

- 홍성근

오일 쇼크 이후라서… 아일랜드는 농촌 국가여서 많이 힘들었죠. 이 소설 속 사건이 실제로 있었더라고요. 소설의 배경은 1985년인데 1996년에 밝혀져요. 아일랜드에 막달레나 세탁소가 여러 군데가 있었어요. 47년 동안 매춘부, 과부, 고아 이런 여성들을 착취하는 종교 수용시설이었어요. 1996년에 폐쇄됐고 아일랜드 총리가 2011년쯤에 직접 사과하고 2020년에 교황이 직접 사과했죠.

- **이인주**

하나님을 믿고 좋은 말씀이라는 말씀은 다 듣잖아요.
근데 어떻게 이렇게 사악한 짓을 할까요.

- **김민아**

제가 중국에서 있었던 학교가 기독교 학교였거든요. 매일 성경을 읽고 매일 기도도 하면서 온갖 죄악이란 죄악은, 사람이 할 수 있는 모든 죄악은 다 저지르면서 앉아서 성경을 읽고 있는 그 모습을 보면서 진짜 환멸을 느꼈어요.

- **홍성근**

그래도 뭐라고 하냐면, 우리가 아니었으면 이 아이들 누가 키웠을 거냐고, 자기들이 보살폈다고 합리화하는 거죠.

- **이인주**

그러니까 소설이 수녀원을 배경으로 하면서 또 진정한 기독교인의 자세를 이야기하면서 종교인들을 비판하는 메시지도 전하는 거죠.

- 홍성근

소설 초반에 보면 주인공이 굉장히 일상에 지쳐가고 있어요. 피곤에 찌든 그런 모습이 보이잖아요. 굉장히 평범한 일반인을 주인공으로 설정한 것 같더라고요. 평범한 사람이 어떤 사건을 일으킨다는 것 자체가 굉장한 용기를 내는 것이라고 봐요.

- 이승아

그렇죠. 용기가 필요하죠.
연민의 마음을 갖는 게 중요하다고 봐요. 처지가 안 좋은 사람들에 대한 연민의 마음이 있어야 용기를 낼 수 있겠죠.

선생님들과 함께 이야기를 나누다 보니 소설의 내용이 더 선명하게 다가오네요.
오늘 함께 이야기 나눌 수 있어서 행복했습니다. 감사합니다.

- 일동

감사합니다.

《학생 자치는 미래 교육의 오래된 씨앗》

2024.09.25 수 오후 6:30~

- **박노한**

이 책에서 처음에 인상적이었던 것은 실패에 대해서 굉장히 허용적이라는 것이었어요.

학생들이랑 인터뷰하는 내용에서도 실패의 불안감을 잘 견디고 있는 학생들을 보면서 '이런 분위기가 진짜 교육이다.'라는 생각이 들었거든요.

저도 한국어를 가르치면서 학생들한테 '틀려도 괜찮아, 틀려도 상관없어, 괜찮아, 내가 있잖아, 고쳐주면 되지. 그리고 이건 수업이고 시험도 아니니 두려워할 필요는 없어.'라고 계속 용기를 북돋아 주는 그런 걸 많이 했었거든요.

미래라는 게 불확실성에 기반하는 거잖아요. 그러니까 실패할 수 있어요. 그렇지만 '그걸 어떻게 내 삶의 동력으로 전환할 수 있는가 하는 것이 아마 이 책에서 얘기하고 싶은 게 아닐까.'라는 생각을 했습니다.

저는 이 학교를 오게 된 게, 이제 이승아 선생님이 휴직하게 되면서 오게 됐는데 잘 몰랐죠.

그냥 일반적인 학교라고 알고 왔죠. 전혀 배경지식이나 이런 게 아무것도 없이 왔는데 이 책을 읽으면서 '아, 이 학교에 이런 역사가 있었구나, 이런 참 어려웠을 것 같구나.'라는 생각도 들었어요.

- **백선진**

저는 올해 처음 왔잖아요.

상반기 때 애들하고 여러 행사를 했잖아요. 하고 나서 이 책을 보니 이런 생각과 이런 역사를 거쳐서 이게 만들어졌구나를 느꼈고, 그리고 또 2학기에 있을 축제라든지 다른 행사 대한 이해를 하게 돼서 좋았고, 이런 행사들이 그냥 만들어진 게 아니라 선생님들의 노력과 열정으로 만들어졌는데 한순간에 무너지면 안타깝다, 그런 생각이 들었어요.

그다음에 이 책에서 굉장히 인상적이었던 거는 우리가 미래를 위해서 교육을 하지만 여기서 강조하는 거는 지금 현재 학교생활에서, 수업에서 그런 거를 녹여내려고 하는 것들이, 학생 자치라든지 학교에 있는 모든 활동이 아닌가. 그래서 되게 '진짜 멋지다.'라고 생각했지만 '진짜 진짜 멋지다. 이게 진짜 그냥 배워서 나중에 어른이 돼서 이걸 써먹는 게 아니라 지금 학교생활 하면서도 써먹고 있으니까 진짜 멋지다.' 이런 생각이 들었고요.

그리고 좀 인상 깊었던 구절은 우리가 환경 교육, 환경 교육, 하는데 사실 되게 막연했거든요.

'우리 다음 세대에게 깨끗한 지구를 물려줘야지.' 그냥 여기서 더 큰 생각이 없었는데 여기 보니까 웰빙의 사회에서 우리가 안전하게 살아가려면, 그 안전을 위해서 이 환경 교육이 필요하다라는 얘기를 했을 때 좀 설득이 되었어요. 왜 우리가 환경 교육을 해야 하는지 좀 막연한 거에서 구체적으로 피부에 와닿았고요.

그리고 또 축제의 목적과 방향에 대해서 우리가 그냥 즐기고 문화 활동을 하고 이런 걸 하는데 그걸 굉장히 체계적으로 이렇게 정리를 해놓으셨더라고요.

그래서 지금까지 했던 축제도 있지만 이런 의미를 가지고 접근을 하니 이게 교육적일 수밖에 없겠다. 그러면 또 '여기서 해본 것들도 있지만 안 해본 것들을 주제로 축제를 해보면 어떨까.' 또 약간 그런 생각도 들더라고요.

그래서 축제 부분이랑 저는 환경 교육에 대한 내용들이 굉장히 인상적이었습니다.

2학기 때 하는 것들도 미리 이 책을 봄으로 해서 조금 더 농도 있게 좀 의미 있게 다가올 것 같습니다.

- 홍성근

낙운중학교에서 아이들이 문제를 스스로 해결하는 것을 보면서 그 학교 사회 선생님이 '이 학교 정말 훌륭하다. 아이들이 문제가 있는 것을 스스로 자각하고 그걸 어떻게 해결할지 생각하면서 하면서 정말 많이 성장하고 있구나.' 이런 식으로 얘기를 하는데 우리 아이들도 가만히 보면 그런 것 같더라고요.

작년에 황톳길 만들 때 단순히 투정인 줄 알았어요.

애들이 "왜 황톳길을 만들었어요?"라고 문제 제기를 한 걸 저는 단순한 투정으로 이해를 했었는데 지금 돌이켜 생각해 보면 '이 학교라는 시설물은 저희가 쓰는 게 아니라 학생들이 주로 사용하는 공간인데 이 공간에 대해서 이 친구들에게 얘기를 안 하고 만들었다.'라는 것은 좀 미안한 일이죠. '아이들이 자기가 사용하는 공간에 대한 문제의식을 가지고 있었구나.'라는 걸 느끼면서 '애들이 단순히 그냥 어른들을 따라야 한다는 게 아니라 스스로 비판적으로 생각할 줄도 아는구나.'라는 생각을 하게 되었어요.

개인적으로 가장 좋았던 건 저도 실패와 관련된 존 듀이의 어록이었어요.

"실패에서 많이 배운다."라고.

전에 민아 쌤이랑 그 얘기를 했었거든요.

"요즘 아이들이 꿈이 없다고, 왜 꿈이 없을까."라고 하면서 이제 직업에 관련해서 이야기를 했었는데 "너 소방관은 어때, 경찰관은 어때?" 하는데 애들이 "박봉이에요."라며 조건을 따지는 거예요.

조건을 따진다는 것은 알게 모르게 실패하기 싫은, 실패의 두려움이 있다는 것으로 이해가 되더라고요.

'과연 실패를 안 하고 성공만 하려는 생활 태도가 보일까. 그런 마음가짐이 보일까. 좀 안전하게 실패할 수 있게 해주는 게 어떨까.'라는 생각을 해봤습니다.

- **박노한**

여기 처음에 이 책 시작할 때 위쪽에 존 듀이의 말이 나오는 게 참 괜찮았어요.

이게 어떤 챕터라 그래야 되죠? 챕터와 연관된 문구를 뽑아서 넣어서 이걸 좀 생각하게 만드는 그런 게 있었어요.

저도 이 실패에 대해서 되게 동의하는 게 실패해 봐야 돼요. 그래야지 아픈 걸 알죠. 인디언 속담에 불을 만져봐야 뜨거운 걸 안다고 하거든요. 그러니까 그런 걸 좀 경험해 봐야죠.

안전하게 실패하는 건 없습니다. 그냥 실패했다가 일어나는 뭐라 그러죠? 회복 탄력성이라고 하는 거 그런 게 필요한데, 아이들은 턱 쓰러지면 못 일어나요. 혼자서…

- **김영순**

매일 일상생활에서, 학교생활에서 실패도 맛보지 않을까요?

- **박노한**

그걸 깨닫지 못하는 거죠.

- **김민아**

그게 실패를 한 다음에 기다리고 일어날 수 있는 시간이 있어야 되는데 얘네는 실패하면은 그냥 확 했다가 이걸 그냥 제 느낌에는 그냥 버리고 아예 신경 쓰지 않고 넘어가는 것 같은 느낌이라서 실패를 다시 이렇게 회복할 수 있는 시간을 가지지 않는 것 같은 느낌이 자꾸 들어요.

- **홍성근**

반성을 안 하죠.

- **김민아**

그 실패를 할 것 같으면 시도를 안 하는 거죠. 문제를 놔두고 왜 시도하지 않을까를 계속 고민을 하고 있는데 답이 틀릴 것 같으니까 안 쓰는 것 같아요.

- **박노한**

얘들은 "괜찮다 괜찮다, 틀려도 괜찮아."라고 얘기해 줘도 그게 안 와닿는 것 같아요. 그걸 두려워하는 것 같아요.

• **김태완**

다 그렇지 않나요? 실패 말씀이 나와서 그런데 저는 이 실패도 어릴 때 해야 돼요.

어릴 때 겪어서 그 실패를 겪더라도 나는 괜찮다는 걸 더 나아갈 수 있다는 이런 걸 알아야지. 나중에 다 크고 나서 정말 성인이 됐을 때 첫 번째 실패를 맞이하면 그거는 위험해요. 그걸로 무너지는 경우 저는 몇 번을 봤거든요.

제 친구 형님인데 수재였거든요. 서울대 나와서 나사에 취직을 했는데 1년도 안 돼서 자살했어요. 근데 그걸 보니까 나사까지 가는 과정에서 자기는 늘 1등이었는데 거기 가고 났더니 자기는 아무것도 아닌 사람이 되니까 그걸 못 견뎌서 그렇게 됐어요.

그러니까 어렸을 때부터, 아까 말씀하신 그 회복 탄력성처럼, 한 번씩 아픔을 겪고, 그러고 다시 일어나고 하면서 점점 더 단단해지는 과정이 필요한 건 맞는 것 같아요.

• **이인주**

그러니까 학교 수업 시간에는 실패해도 되고 안 해도 되고 어쨌든 그 과정이 지나가니까 그건 모르겠는데 내서에서 하는 이동 수업이나, 아니면 졸업 행사, 입학 행사를 준비하는 것은 어쨌든 간에 해내야 되니까 막 실수하고 실패해도 그걸 어쨌든 수행해야 할 과제니까 거기서 이제 실패를 맛보더라도 끝까지 해내면서 실패를 딛고 일어서는 힘이 길러지는 거죠.

작년에 지금 우리 3학년들이 졸업식 준비할 때, 얼마나 시간이 오래 걸리고 자기들끼리 얼마나 많은 말이 왔다 갔다 했는지 몰라요. 저게 도대체 졸업식이 될지 안 될지 참 앞날이 불투명했잖아요. 그래도 어쨌든 졸업식은 아주 훌륭하게 치러냈잖아요.

거기서 오는 자기들 성취감, 효능감 이런 게 있었기 때문에 학생 주도로 뭔가를 해내게 하는 게 중요한 것 같아요.

• 김영순

내가 오늘 은척에서 점심 먹고 한 바퀴씩 도는데 화단이 되게 예쁘거든요. 유실수 심어놓은 화단은 아주 관리가 잘됐는데 ○○ 선생님이 가꾸던 꽃밭은 완전히 형체도 없고 잡초가 웃자라 가지고 꽃이 뭐가 뭔지 모르겠는 거예요. 여기 작년에 너무 예뻤는데 왜 이리됐느냐, 왜 아무도 관리를 안 하냐, 그랬더니 이어받을 사람이 없대요.

오롯이 작년까지 ○○ 선생님 혼자 나와서 틈만 나면 풀 뽑고 해서 진짜 아름다운 정원을 만들어 놓았는데 가시고 나니까 연계가 안 된 거예요.

선생님 혼자만의 취미 생활처럼 됐던 거지. 선생님이 가고 없어도 같이 활동했던 친구들이나 동아리가 있었거나 했다면 자연스럽게 이어져 왔을 텐데… 화덕 만들어 놓는 것도 완전 쓰레기장이 되고 그네도 주인 없는 그네가 되고…

그래서 '이게 뭔가 전통성을 갖는다는 게 이게 교사 한 사람의 노력으로 되는 건 절대 아니구나.'라는 생각이 들었어요.

애들한테까지 철저하게 녹아 들어가야 어떤 선생님이 왔을 때도 애들이 선생님을 어떻게 거기에 끌어들이고 함께 또 이렇게 할 수 있는 거죠. 은척은 참 그게 뿌리가 약했구나.

완전히 사라지고 거의 폐물이 다 됐으니까 그 부분이 안타까운 느낌이 들더라고요.

그럼 과연 내서는 이제 선생님들이 떠나갔을 때, 과연 이 내서의 방향성이 그대로 애들에 의해서 오롯이 유지될 수 있을 것인가?

내서는 난 충분히 그런 힘이 있을 거라고 생각하거든.

- **이인주**

이제 내서에 행사가 너무 많아요. 행사가 너무 많아가지고 좀 선택과 집중이 필요한 것 같은데…

- **김민아**

상황이 달라졌어요. 이 책에서 얘기하던 시절에 학생 수도 이미 60명까지 찍었고 그에 맞춰서 모든 교사가, 겸무 나가는 교사가 그 당시에는 도덕 선생님밖에 없었으니까, 다들 본교에 상주하는 교사들이 있고 그리고 그때 온 사람들은 사실 학교의 철학을 완전하게 잘 알고 있는 분들이 들어오셨기 때문에 지금과는 좀 상황이 많이 다르지요.

- **박노한**

구성원이 바뀌어도 이 내서에서의 교육 철학 시스템이 지속 가능할까요?

- **김영순**

우리 학교 텃밭하고 이렇게 견주어서 생각하면 될 것 같거든요. 텃밭 개념이 있긴 한데 올해는 보니까 애들 거의 작물을 안 심더라고요.

- **김태완**

텃밭은 생각을 해볼 필요는 있는데 목요일 아침에 선생님들이 너무 없어요.
학생들한테만 맡겨가지고는 잘 안되죠. 거의 권혁남 선생님이 혼자 거의 다 대부분 하시고…

- **김민아**

저는 이 여름 방학에 우리의 텃밭이 왜 저렇게 됐을까를 고민을 해봤는데, 우리 2월에 새 학기 준비 기간에 올해 내서에서의 교육 활동에 대해서 준비를 못 하고 새 학기가 시작됐다고 저는 느껴지거든요.
그러니까 사실 올해 되게 많이 바뀌었어요. 우리 샘들이… 근데 '이러한 것에 대해서 과연 우리가 충분히 얘기가 됐나.'라는 생각이 좀 들어서 아쉬웠어요.

내서는 함께 마음을 모아서 해야 하는 활동들이 많아서 충분히 그 시간을 활용해서 좀 함께 이야기를 나눌 수 있었으면 좋겠어요.

그리고 샘이 아까 말씀하신 것처럼 우리가 할 수 있는 역량이 이제 다 한도가 있잖아요. 근데 과거에 있었던 사람들만큼 우리가 하기에는 제가 느끼기엔 버거워요. 과거에 있었던 사람과 사람 수도 다르고 지금 수업 시수도 다 다르고 너무 힘들기 때문에 그래서 이제는 진짜 우리가 내서의 교육에 대해서 다시 고민을 해보고 이러한 활동들에 대한 걸 평가를 해가지고 좀 정리를 한번 해볼 필요성이 있을 것 같기는 해요.

정리할 수 있는 것들을 정리하고 만약에 진짜 그게 좋은 게 있다면 아예 교체를 하든지…

- **이인주**

시즌4를 시작해야죠. 그러니까 뭐지 애들이 너무 많은 게 막 지나가니까 생각하고 정리하고 성찰할 시간이 좀 부족한 것 같아요.

- **박노한**

이 말은 참 괜찮은 게 아까 넘어져서 일어나는 시간이 필요하다는데 우리는 계속 계속 넘어지면 그냥 끌고 가는 거지, 그런 식으로 왔던 거니까 좀 줄이자는 그런 의미 같습니다.

• **남창희**

읽으면서도 교육학 공부할 때 제가 그냥 딱 들었던 생각, '학교에서 못 하겠는데.'라고 생각했던 그런 것들이 되게 많았거든요.

그러니까 이거는 학교에서 실현 불가능하다. 그래서 제가 교육학을 싫어했던 이유가 '어차피 이거 배워도 써먹을 데도 없는데.'라는 생각이 엄청 많았어요. 굉장히 부정적으로 봤었고 그래서 사실 교육학 공부하는 거 제일 싫어했어요. 차라리 그런 시간에 물리 하나 더 공부하고 말지 약간 이런 생각을 했었는데, 여기 내용이 '학생과 함께 교육 과정을 구성한다.' 이렇게 하는데 이게 하기가 되게 어렵잖아요. 근데 교육 과정을 바라보는 시선을 바꿔서 이렇게 말씀을 하시니까 '이렇게 바라보시는 관점에서는 또 이게 말이 성립될 수 있겠다.'라는 생각이 들었어요.

사실 저는 이 책 보면서, 저도 올해 처음 와서 학교 일정은 그냥 흘러가는 대로 발맞춰서 그냥 이렇게 따라가는 느낌인데 뒤에 여기 50페이지인가부터 이렇게 쭉 학교 일정이나 이런 거를 쭉쭉 상세하게 얘기를 하니까 좋았어요. 팁도 있더라고요. '뭘 하면 좋다.', '이렇게 해서 이거는 나중에 행사할 때마다 이거 두고 보면 좋겠다.' 약간 이런 생각도 들었고요.

그다음에 2학년 얘기가 계속 나오더라고요. 근데 제가 이제 2학년 담임이다 보니까 사실 지금 제가 봤을 때 '지금 2학년 애들이 이런 고민을 할까.'라는 생각도 좀 있기도 하고 뭔가 '학교에 대해서 이런 생각 하고 있나.' 하는 생각이 들기는 했어요. 사실 좀 걱정도 되고

'2학년 되게 중요한 학년인데 잘하고 있나.' 이런 반성도 좀 하게 되는 그런 기회를 준 책이었던 것 같습니다.

좀 책 내용 중에 선생님이 배워야 학생도 배운다는 내용을 보고 '공부를 해야겠구나.' 하는 생각을 하게 되었어요.

• **이인주**

글쎄요. 제가 이 책에 대한 말씀을 드리면 굉장히 실용적인 책이라고 생각해요. 밑줄을 많이 그었어요.

처음부터 끝까지 읽을거리가 많았어요. 그리고 여기에 시즌1, 시즌2가 있는데 시즌3, 시즌4, 이제 이분의 논리대로 하면 우리는 이제 올해부터 시즌4에 접어드는 건 할 수 있는데 처음은 미약하게 이제 출발하고 있는 거죠. 그 시작은 미약했으나 그 끝은 창대하리라 그렇게 되길 원하고 있어요.

그리고 되게 좀 정성스럽다. 저는 그 마지막이 제일 인상적이었어요. 마지막에 중용에 나오는 말씀이 인용돼 있죠.

> 정성을 다하는 사람만이 나와 세상을 변하게 할 수 있다.

상황은 안 좋지만 이보다 더 안 좋은 상황에서도 우리가 살아왔으니까, 또 많은 사람들이 있고 뜻을 모으면 잘 헤쳐나갈 수 있으니까 약간 스트레스받는 상황이 오더라도 너무 비탄에 젖어들지는 말자 그런 생각을 했어요. 그래서 약간 거슬리더라도 거뜬히 좀 헤쳐

나갈 수 있는 힘이 필요하다고 생각해요.

- **박노한**

그렇구나, 하시면 돼요.

- **이인주**

유연하게.

- **박노한**

크게 보세요.

- **이인주**

크게 보면 우리가 주인공이라 했잖아요. 우리 학생이 주인공이고 그다음 주인공은 우리거든요. 그다음은 우리 뒷배경이에요. 그래서 너무 스트레스를 받지 않았으면 좋겠어요. 주인인 우리가 약간 거슬리게 한다고 해서 너무 흔들릴 필요는 없지 않을까. 그 생각을 좀 하게 됐어요. 이 책을 읽으면서…

- **김영순**

사소한 거 요구하는 거는 맞추어 줘 버리면 우리도 편해요. 물론 어떤 상황이 생겼을 때는 소신껏 감정을 앞세우지 말고 차분하게 의사를 전달해야겠지요.

• **권혁남**

'어차피 문제는 전체가 다 문제인 거고 세상에서 태어나서 살아가는 그 자체가 문제의 연속이니까 그래서 그거를 그냥 너무 문제에 빠지지 말고 그냥 거쳐 가는 일상이다.' 하시면 될 것 같아요.

일상에 너무 스트레스받지 말고 정말 거기에 지치면은 번아웃되잖아요.

난 선생님들이 지쳐서 번아웃되는 거 정말 싫어요. 진짜 싫어요. 선생님들이 행복했으면 정말 좋겠어요. 그러려면 그것도 스스로 행복하려고 노력해야 될 거거든요.

이런 학교가 필요한 건 애들만 행복하면 안 되고 선생님도 행복해야 되고 관리자도 행복할 권리 있잖아요. 관리자도 행복할 권리를 인정해 주고 조금은 같이 갈 수 있었으면 해요. 내서중학교 배를 탄 건데 조금만 좀 크게, 조금만 더 넓혔으면 하는 생각이 들었어요.

• **홍성근**

저자님 오시네요.

• **김민아**

제가 저자님을 9시라 했습니다.

• **박노한**

반갑게도 저자분께서 오셔가지고 모두 박수로 환영해 주시고, 저자와 함께하는 책 읽기 모임이 되어버렸는데요.

지은이 서문에 보시면 '운이 좋은 사람이다.' 이렇게 적혀 있는데 저희가 참 운이 좋은 것 같습니다.

- **일동**

진행을 너무 잘하신다. 영어 선생님이십니다.

- **박노한**

짧은 질의응답과 그다음에 이 책을 쓰시고 나서 후기 잠깐 얘기해 주시면 좋을 것 같습니다.

- **이동철**

퇴근길에 김민아 선생님이 모임 한다고 해서 냉큼 달려왔거든요. 감사합니다. 솔직히 책 가지고 이렇게 얘기하는 본격적인 자리는 처음이고 책을 내고부터는 계속 부끄러움이 있었어요.

이렇게 책을 냈다고 이제 막 저자라고 하고 이제 평소에 안 듣던 단어들을 막 들으니까 이제 부끄러움이 막 몰려왔는데 그러다가 이제 다시 한번 좀 고민을 했고 '왜 내가 왜 책을 썼지.' 이런 고민을 했는데 '이거는 내 책이 아니다. 우리 선배들과 함께 우리 동료들과 함께 만든, 같이 만든 책이기 때문에 좀 더 더, 이렇게 의기소침하지 않고 자랑스럽게 얘기해야 되겠다.' 이런 마음이 들어서 그때부터 좀 알리기도 하고 했던 것 같습니다.

어떻게 보면 여러분들이 가장 만나고 싶었던 분들인 거죠.

현재 내서에 계신 분들이기 때문에. 그래서 김민아 선생님하고는 좀 소통하고 있으니까 마침 이렇게 책 모임을 한다는 얘기도 듣고, 제 책을 선택했다는 얘기도 들어서 부끄럽지만 이렇게 왔습니다.

그 이유는 이제 지금 이온이 아빠이기도 하고, 제가 내서를 떠났어도, 온이 누나인 린이도 있었고 해서 인연은 계속 이어져 있었거든요.

근데 이제 내서에 가깝게 가면 갈수록 내서는 점점 멀어지는 느낌도 있었고 또 최근에 어떤 갈등의 문제들도 듣고 있고 또 오늘도 지역에서 누구를 만나서 내서중학교와 낙운중학교 얘기를 쭉 이렇게 하기도 하고 그러면서도 정말 이렇게 현직에 계신 분들이 이 역사를 계속 유지하고 있다는 건 굉장히 큰 의미다 이런 생각이 들었죠.

더한 갈등도 있었죠.

그러니까 내서의 15년 정도의 역사 속에서는 그건 어느 한 사람의 어떤 능력이 아니라 여러 사람들의 힘들이 다 모여서 그런 역사가 이렇게 왔다 갔다 하듯이 그 과정이 있지 않는가 이런 생각이 이제 들고 있습니다.

그래서 그러니까 아마 이제 김민아 선생님하고는 이제 예전에 이제 같이 근무했어서 김민아 선생님도 이제 과거 얘기를 많이 하실 거고 또 이제 그 과거와 지금 현재가 맞는 것도 있고, 안 맞는 것도 있다고 생각하거든요.

근데 이제 그 과거에 어떤 마음으로, 어떻게 보면 제일 전성기였던 시기였기 때문에, 어떤 마음으로 시작했고, 어떻게 전개됐는가는 누군가는 기록해야 되겠다 해서 이제 그 기록을 생각나는 대로 이렇게 썼습니다. 저는 이 기록이 답이라고 생각하지는 않습니다.

그래서 이걸 가지고 또다시 재해석하고 또 새로운 것들을 만들어 내고 그게 또 역사의 하나로 남겨지고 그래야 우리의 내서가 처음 시작했던 그리고 지금까지 노력하고 있는 이 부분이 아이들한테 다가가고 또 아이들은 제대로 된 의미 있는 성장이 되지 않을까. 이런 생각들을 하고 있습니다. 부족하지만 제 책을 읽어주셔서 고맙습니다.

- **박노한**

책을 쓴 이유와 책을 쓰고 나서의 바람, 독자들에게 바라는 것까지 이야기하셨는데요. 감사하게도 저희들이, 오시기 전에 이야기했던 것과 약간 비슷하네요. '저희들이 새로운 시즌을 맞이해야 되겠다.'라는 이야기까지 갔기 때문에 아마 저자분께서 굉장히 흡족해하실 것 같습니다.

의도가 이렇게 반영됐고 저희가 그 의도대로 이렇게 하게 된 것 같다는 생각도 잠깐 했고요. 과거의 것을 기본으로 삼아서 이제 새롭게 나가야 되니까 거기에 대한 이야기도 잠깐 하고 있었거든요.

그래서 '정말 감사합니다.'라는 생각을 했습니다. 혹시나 저자분께 질문이 있으시면 잠깐 질문 시간을 좀 갖도록 하는 것도 괜찮을 것 같습니다.

• **김영순**

이 책이 연작이 될까요?

• **이동철**

연작은 이제 다른 분들이 쓰셔야…

• **이인주**

실용적인 글이고 글을 참 잘 쓰셨어요. 보면서 어찌나 밑줄을 많이 그었는지 책 처음부터 끝까지 밑줄 그은 것 같은 느낌이에요.

이 책을 보면서 행복한 느낌도 들었고 뭔가 저도 이제 교직에서 머물 날이 얼마 안 남았는데 마지막 열정을 한번 불태워 보고 싶다. 이런 마음을 좀 심어주는 참 좋은 책이었습니다.

질문하겠습니다.

여기 보니까 여행 프로젝트 수업에 대해서 전문가에게 컨설팅받았다는 내용이 나오고요.

그리고 2022년도에 수업을 협의하고 여행 융합수업에 대해서 전문가에게 코칭을 받았다고 돼 있거든요.

어떻게 누구에게 코칭을 받았나요?

• **이동철**

학교는 이제 수업이 이루어지는 곳인데 학교 전체로 봤을 때는 이제 1학기 때는 이동 수업이 가장 큰 수업이고 2학기 때는 축제가 가장 큰 수업이다. 그래서 저는 이 수업을, 교과의 수업도 있지만 어떤 학교의 철학이 담긴 전체가 움직이는 그 수업들을, 활동이나 행사까지도 저는 수업이라고 생각을 했었는데 그 이동 수업을 내서에서 경험하고 낙운에 가서 바로 적용을 시켰어요. 근데 솔직히 쉽지는 않잖아요. 이런 시스템을 그대로 이양한다는 게 쉽지는 않았죠. 그래서 반대가 엄청 있었죠.

근데 낙운에서 이 여행 수업을 갔다 오고 나서는 딱 이제 신뢰가 생긴 거예요.

그래서 비슷한 형식으로 계속 진행을 하다가 코로나를 맞았고 그러면서 저희가 정유진 교수님이라고, 그 강사님하고 다른 것들 때문에 하다가, 아이들의 상담 이런 걸로 쭉 가다가 이분이 초등 수업 전문가이기도 해서 우리가 이런 프로젝트 수업이 있다 하니까 이 프로젝트 수업을 정리하는 연수를 교사들하고 한 번 했었어요.

그래서 우리도 이게 의미 있는 수업이긴 같은데 그리고 갔다 오면 애들은 꼭 서 있고 교사들의 교사들이 진짜 힘들잖아요. 힘들어도 교사들의 만족도나 또 교사들이 아이들을 바라보는 그 시각이 넓어지기도 하는데 학문적으로는 또 어떤 의미가 있을까에 대한 그런 고민들을 많이 했었죠.

이것들을 하면 우리가 프로젝트 수업을 한번 해보자 해서 이제 그 단계를 거친 게 전문가하고의 연수였습니다.

- **박노한**

혹시 다른 질문 있으시면 제가 개인적으로 질문 1개 드려도 될까요? 각 챕터마다 존 듀이의 말을 넣는 것은 저자분의 생각인가요? 아니면 이거 편집자의 생각인가요?

- **이동철**

제 생각이죠.

- **박노한**

이게 딱 매치가 돼가지고, 내용이랑 약간 연관된 것들을 찾아서 넣으셔서 굉장히 좋았다고 생각했거든요.

- **이동철**

쓰다 보니까 어떤 때는 잘 써지기도 하고 안 써지기도 하다가 이제 계속 퇴고를 해서 이 책을 다듬어야 되는데 너무 힘들더라고요.

막판에 진짜 이 원고를 다시 보기 싫을 정도로, 그런데 한편에서는 계속, 야 이게 내 책이 쓰레기가 되면 안 되는데, 우리의 역사니까 제가 글을 잘 쓰고 못 쓰고의 개념이 아니라 어쨌든 내서의 이야기가 책으로 나온다는 것은 굉장히 의미 있는 일인데 이게 쓰레기가 되면 안 되겠다. 저도 학생 자치나 이런 책을 읽어보면 전부 다 사례 중심밖에 없어요. 이걸 좀 극복할 수 있는 게 뭐지 해서, 마침 또 제가 대학원을 다니고 있어서 학문적인 것하고 연결해 보고 싶었어요. 완전히 학문하고 연결시키기는 힘들고 그래도 어쨌든 제가 배우고 있는 부분에서 엄청난 학자죠.

이번 주의 명언이라고 딱 치면 쫙 나오거든요. 거기서 이 지점은 이 얘기네 이렇게 골라 넣은 거죠. 그래서 맞아떨어지는 것 같아요. 고맙습니다. 그래서 이거는 제일 마지막 책을 이제 글을 다 쓰고 챕터까지 다 나누고 끼워 넣은 거죠.

• 이인주

근데 그렇게 애써서 이제 낙운중학교에서 뭔가를 만드셨는데 지금 낙운중학교는 어때요?

• 이동철

저는 크게 걱정은 안 해요.

왜냐하면 내서도 그 역사를 계속 이어왔기 때문에 당연히 공립학교에서 어느 정도의 흔들림은 당연한 거라고 생각해요.

과거에는 솔직히 내서를 유지하기 위해서 내신 철이 되면 특히 이상훈 선생님이 전화를 많이 돌렸어요.

와라, 자리 빈다 와라, 이렇게 했고 근데 이제 그게 한계에 부딪힌 거죠.

그렇게 공립학교에서 유지될 수가 없다.

옛날처럼 또 막 이렇게 불사르는 사람들이 줄어드는 상황에서 제가 나오기 한 4년 차부터는 우리 그거 하지 말자 그래서 그냥 교육청에서 하는 대로 받자 그리고 그렇게 오신 선생님들이 이 내서의 분위기에 적응할 수 있도록 우리가 같이 돕자. 그렇게 했었어요. 저도, 이상훈 선생님도 5년 만기 하면서 그렇게 했죠…

하면서도 또 시끄럽기도 했죠. 당연히 또 막 들리는 얘기들도 많고 근데 그건 공립학교에서 어쩔 수 없다 그렇지만 지금까지 유지되고 있잖아요.

내서가 그렇듯이 낙운도 당연히 제가 빠지고는, 이제 구심의 역할을 하던 사람이 빠졌으니까 당연히 혼란기라고 생각하고 그래서 걱정은 있긴 하지만 그래도 남아 계신 선생님들이 그 역할들을 하고 계시고 또 다행히 이제 학부모회에서도 가지고 계셔서, 5년 동안 시스템으로 만들어 놓았던 교육 과정이 크게 변하지 않은 것 같아요.

만약에 그런 시스템이 확 바뀌어 버리면 아마 다시 세우기는 힘들 것 같거든요.

지금 계신 선생님들이 그걸 유지하려고 많이 애쓰고 계신 것 같아요. 아까 선생님도 잠깐 말씀하신 것 같은데 교장, 교감 선생님이 요구하시는 것도 일부는 받아주면서 그런 접점들을 찾아가고 있지 않는가 그런 생각이 들고 그래서 내년에 누가 들어갈지 확실히 모르겠지만 그래도 낙운을 원하시는 선생님들이 몇 분은 계신 것 같아요.

• **김영순**

물론 이게 내서 철학에 공감되고 앞장서서 일할 수 있는 선생님들만 모여서 꾸려가는 것도 정말 좋겠지만 나 같은 사람도 이렇게 자연스러운 인사 발령으로 와가지고 경험하고 배우고 또 공감하는 것도 괜찮은 것 같아요. 나는 진짜 퇴직하는 게 조금 아쉬워요. 여기서 만기 채우고 좀 더 있고 싶어요. 나는 너무 내서를 늦게 왔다는 생각이 진짜 늘 드는 거예요.

물론 나도 적응하는 과정에서 다 좋은 건 아니었어요. 마땅치 않은 부분도 있었고 공감할 수 없는 부분도 있었지만 서서히 젖어들었거든요. 지금 절반은 내서인이에요.

진짜 나는 여기 올 때, 그 퍼실리 할 때도 얘기했듯이, 나는 진짜 내 모든 것, 지금까지 일반 학교에서 가졌던 것 다 내놓고 빈 항아리로 오롯이 담겠다는 그런 각오로 왔어요.

나 같은 마음으로 오는 사람들이 많았으면 좋겠어요.

• **이동철**

맞아요. 그러면서 또 내서 철학을 또 밖에 가서 전파해야죠. 민들레 씨앗처럼…

나는 그게 또 오히려 바람직한 내서의 교육관일 수도 있다고 봅니다. 이 작은 학교들이 자꾸자꾸 없어지는 게 조금 절망스럽기는 하지만 그래도 큰 학교 가서 뭔가 할 수 있는 일이 분명히 있을 거라고 봐요. 너무 우리 아는 사람만 모아야지 하는 이런 마음은 진짜 버려

줬으면 좋겠어요.

나는 그건 아닌 것 같아 자연스럽게 일반인들이 받아들이고 도저히 적응 못 하는 사람 알아서 나가는 거죠. 또 남아 있는 사람은 또 내서의 교사가 되어가는 거죠.

- **김민아**

이 책을 내서에 발령받아 오는 사람들의 필독서로 만들어야겠어요.

- **박노한**

옛날에는 저희보다 더 큰 갈등도 있지 않으셨어요? 어떻게 해결하셨나요?

- **김영순**

관리자도 나간 사람 있죠.
도저히 적응을 못 해나가는 거죠.

- **이동철**

우리 교사들은 이미 민주적인 걸 경험했으니까 그렇지 못한 것들에 너무 힘이 드는 거예요.

그전에는 이렇게 그냥 보고하고 그래도 괜찮은 교장이면 같이 회의하고 근데 그걸 인정하지 않는 교장이면 당연스럽게 일방적으로 지시했죠. 이제 일반적인 문화잖아요.

근데 이제 우리가 민주적으로 바꾸자 해서 n분의 1입니다. '같이 협의합시다.' 해서 이제 그렇게 그걸 경험해 보니까 다시 돌아가는 게 너무 힘든 상황이라서 더 분개하는 것 같아요.

선배님들 잘 아시다시피 이거는 그게 일반적인 거고 내서가 특이한 거죠.

이상훈 선생님 역할이 저는 굉장히 컸다고 생각을 합니다. 친목회장 3년 연속으로 하시면서 중재자 역할들을 좀 많이 하셨던 것 같아요.

분위기를 부드럽게 만들기도 하고, 좀 인간적으로 친해지는 지점들이 틀림없이 있어야 된다고 보거든요.

- **김민아**

우리는 아직 2학기 친목회를 못 했어요.

- **이동철**

'친목회가 윤활유 역할을 좀 하면 좋겠다.' 이런 생각도 들어요. 저도 낙원 가서 제가 계속 친목회장 했었거든요.

저는 이상훈 선생님한테 많이 배워서 제 의견을 주장도 하지만 교무실 분위기를 유하게 만드는 그런 역할들을 하려고 해요. 또 특히나 행정실하고도 가깝게 지내고, 교장, 교감 선생님들도 인간적인 면에서 노력하고 있으니까 이 부분들을 인정해 주시기도 하고 내 말이 먹히기도 하고 결과로 또 보여주기도 하고 그런 것들이 이제 박자가 자꾸자꾸 맞게 된 것 같아요.

누가 뭐래도 공고하게 자리 잡힌 조직 시스템은 외부에서 딱 들어오면 힘들잖아요.

자기가 전혀 경험하지 못한 것들을 이렇게 강요받고 있는 거잖아요.

저는 그런 면에 있어서는 교장, 교감 선생님도 이해가 되잖아요.

그거를 기존에 있는 사람이 그 시각으로 봐야 될 것 같아요. 그래서 여유가 있어야 되는 거죠. 시즌2 가고, 시즌3 가면서 생소한 이 학생 자치를 중심에 둔 교육 과정을 교사회가 이렇게 똘똘 뭉쳐 해 나가고 있으니 저는 교사회가 더 여유를 부릴 수 있는 형편이라고 봐요.

교장, 교감 선생님은 여유가 없어요. 지금 완전 생소한 학교에 왔으니까요. 그래서 약간의 넓은 아량을 가지시고 이제 그런 시각으로 보면 또 괜찮지 않을까 해요.

• 김영순

제3자적인 입장에서 이렇게 말씀해 주시니까 훨씬 더 좀 설득력도 있고 우리도 공감하는 부분도 있죠. 솔직히 얘기하면 작년까지 같은 교무실 안에 있으면서도 아웃사이더라는 느낌을 받았어요.

왜냐하면 기존 있던 선생님들이 너무 친해서 끼어들 틈이 없는 거예요. 티타임할 때도 모르는 소리가 많았어요. 이미 그들은 밖에서 다 공유했던 내용이에요. 늘 우리는 어쩔 수 없는 이방인이구나 하는 생각이 들면서 엄청 서운했죠.

근데 지금 관리자 입장에서 보면 우리 곱하기 10배 정도 되지는 않을까요. 같은 시대 사람이고 또 공감대 형성되어 있는 배경도 있고 진짜 백번 이해되는 면도 있으니 우리가 수용할 수 있는 건 좀 수용해 주고 풀어나가는 해법을 찾아야 되지 극단적인 해법은 안 된다고 말씀드리고 싶어요.

- **이동철**

지금은 어느 정도 시스템화돼 있고 이것들을 상황에 맞게 요리해서 가야 되는데 그 묘법들이 필요한 거죠.

좀 더 전문적인 시각으로 접근해야 하고 이런 얘기들이 솔직히 글로 쓰여야 된다고 생각하거든요.

그래야 이제 어떤 관리자가 오더라도 어쨌든 아니면 어떤 교사가 바뀌더라도 '내서는 이런 경험을 통해서 만들어졌구나.'라는 게 필요할 것 같아요. 일부러 꾸며서 만들어진 게 아니라 그냥 자연스럽게 공교육 안에서 이렇게 문화로 정착되는 것들이 굉장히 중요한 것 같아요.

- **박노한**

오늘 작가님을 모시고 책 이야기와 교육 활동에 대한 이야기를 나누고 더불어 학교 내의 갈등을 풀어가는 마음가짐에 대한 이야기도 나누어 보았습니다.

감사합니다.

《작별하지 않는다》

2024.11.15 금 오후 4:30~

- **홍성근**

제가 오늘 시간이 없는 관계로 먼저 이야기하겠습니다.

읽다 보면 거의 반 이상이 서술자가 집을 헤매다가 집에 들어갔잖아요.

이때부터 이제 환영이랑 대화하는 부분이 있는데, 이게 환영인지 실제 상황인지 모르게 계속 진행되다 보니까 읽기 어려운 부분이 있었어요. 저는 그래서 오히려 그냥 환영 부분은 제쳐두더라도 실화를 바탕으로 진술한 부분만 읽게 되더라고요.

제가 제주도 융합수업을 이제 두 번을 갔다 왔는데 그때 한 폐허 마을이 있었어요. 다 불탔었고 돌만 있었는데 거기가 옛날에 집이었다고 하는 그 장면이 여기 그대로 묘사가 돼 있었어요.

사람 사는 데는 소개를 다 했고 마을을 아예 불태워 버렸던 그 흔적이 그대로 남아 있는데… 그 마을 표지판 보면 "사람 많이 죽었다."라고 쓰여 있었어요. 그 장면이 떠오르니까 소설의 내용이 너무 생생하더라고요.

• **김태완**

근데 제가 그 역사적 사건을 잘 몰라서 그런데 왜 그렇게 시작이 된 건가요?

• **홍성근**

이 사건을 알려면 일제 강점기 시대부터 어느 정도 배경지식이 있어야 해요.

• **권혁남**

저가 경기도에 있을 때 경기도하고 제주도하고 교사 교류 연수가 있었어요.
경기도 사람들은 제주도의 독립운동과 4·3 사건, 제주도 선생님들은 저쪽 제암리교회나 위안부 할머니들 나눔의 집과 관련해서 교류 연수가 있었는데 제가 그 교류 연수에 1박 2일 참석하게 된 적이 있어요.
조천에 가면 제주도 항일 운동 유적지가 있어요. 거기하고 4·3하고 맥이 이어져 있더라고요. 제주도가 독립 정신이나 그런 것들이 이쪽 지역보다는 기본적으로 조금 앞서가 있는 부분이 있어요.

이승만 정부에서 처음에 미국한테 잘 보이기 위해서, 이승만이라는 사람 자체도 좀 정통성을 존중받지 못했던 사람이기 때문에 잘 보이기 위해서 일단 공산당이라는 프레임을 씌워서 그것을 잘 깨부수는 모습을 보여야지만 자기 자신의 정통성을 인정받을 수 있을 것으로 생각한 것 같아요. 공산당 이미지를 씌워가지고 다 아작을 내야 되는 학살을, 완전히 죽여야 되는 그런 사건들을 일으킴으로써 자기들이 그냥 자기의 권력을 좀 탄탄히 하려고 했죠…

- **이인주**

여순 반란 사건과 어떻게 관련이 되는지 좀 구체적으로 설명해 주시겠어요?

- **홍성근**

공산당이 결국에는, 어쨌든 미군의 탄압에 의해서 산으로 들어간 것은 유명한 사실이고 그중에서도 한라산은 제일 험한 산 중의 하나니까, 그런 좌익 갤러리들이 어느 정도 선동한 것도 있어요.

주민들에게 이제 남북한 단독 정부 수립을 반대하는 운동을 하긴 했는데 끈덕지게 했던 게 그거잖아요. 1946년에 있었던 3월 1일 시건, 기마경찰이 어린 여덟 살짜리 아이를 짓밟고 지나간 사건이 있었는데 그때 한번 제주도민들이 들고 일어났고, 그 사건을 조사하는 과정에서 한라산에 있는 빨치산과 연결시키는 거죠.

그런 상황에서 이제 남한만의 단독 정부를 반대한다고 얘기를 했었고 이제 여순 사건도 어떻게 보면 그 제주도의 빨갱이들을 잡기 위해서 군대가 출발하는 걸 여수, 순천에 있었던 좌익 군대가 반대해서 생긴 거죠. 여순 사건 진압하고 나서 북한에서 내려온 청년단이 제주도로 투입되죠. 소설에서 이북 말을 쓰는 사람들이라고 표현되어 있는데 그 사람들이 서북청년단인 것 같아요.

서북청년단이 와서 경찰, 미군이랑 합작해서 제주도민들을 학살한 사건이 4·3 사건인데 1947년 4월 3일부터 길게는 1953년까지, 6·25 전쟁까지 다 포함되는 기간이에요.

- 김영순

사람들 한 몇만 명 죽었지요?

- 홍성근

네, 제주도 인구의 3분의 1이 죽어요.

당시 제주도 사람의 3분의 1이 거의 죽었거나 아니면 휘말렸던 사람들이죠. 그래서 제주도 모든 사람이 4·3을 아직도 갖고 있죠. 그래서 《작별하지 않는다》라는 제목도 가능한 거죠. 작별을 못 하는 거죠.

- 김영순

잊으면 안 되는 거죠.

- **홍성근**

제가 4·3 사건 관련된 자료를 보다 보니까 70년대와 80년대에 지역별로 살펴보았을 때 해병대에 가장 입대를 많이 한 지역이 제주도예요. 압도적으로 많았어요. 왜냐하면 '제주도는 빨갱이지.' 그런 인식을 벗어나려고 오히려 더 극우적인 활동을 하는 거죠. 더 보수적이고… 그 상징인 해병대에 많이 입대한 거죠.

- **권혁남**

우리나라에서 박정희 대통령 때도 형식적이긴 하지만 야당 국회의원이 당선된 데는 제주도밖에 없어요.

- **김민아**

그러니까 사람들은 굉장히 보수적인 성향이 강한 것 같은데 정치적인 색깔을 얘기하면은 굉장히 야당성이 강하죠.

- **이인주**

소설 속에 경상북도가 나와요. 경산 코발트 광산에서 학살을 엄청나게 했다고 하죠.

- **김영순**

갱도가 거의 그냥 시체로 채워졌다고 하니 너무 잔혹해요.

• **홍성근**

거기 갱도가 한 3개 있고 정신병원이 위에 있었고 그랬잖아요. 거기 그래서 소문이 여기 귀신 나오는 산이야 이런 소문이 들렸었고 그때 생존했던 분들 이야기를 들으면 총소리 엄청 들렸다고 해요. 나중에 김대중, 노무현 대통령 때 조사를 해보니까 수십만 구의 유골이 나온 거죠.

• **김영순**

다 찾아내지도 못한 거죠. 감옥에 있던 사람들을 다 끌고 가서 그냥 죽인 거죠. 정치범들이 계속 들어오니까 정치범들은 이관한다 이러면서 데려가서 다 죽여버린 거죠.

• **이인주**

옮길 데가 없으니까 죽인 거죠. 감옥이 부족하니까 제주도 사람들을 우선적으로 죽인 거죠.

• **남창희**

왜 제주도 사람들인가요?

• **권혁남**

제주도가 다른 지역보다 민도가 높은 지역이에요. 왜냐하면 일제시대에도 일본으로 다 많이 공부하러 가고, 돈 벌러도 일본으로 많이 갔어요.

• **김태완**

의식이 더 깨어 있었네요.

• **권혁남**

먼저 민도가 높았던 거예요. 그래서 이제 해방이 되면서 그 사람들이 국내로 들어와서 제주도에서 기본을 좀 다지는 거죠. 높은 민도의 기본을 그러다 보니까 강압적으로 한 거예요. 그러니까 반발을 할 수밖에 없었던 거죠. 그 사람들 수준으로 볼 때 이거는 아닌데 하는 게 있으니까. 이승만 정부하고 각을 세울 수밖에 없었고 그러니까 이승만 정부는 저거를 죽여야 한다는 결론을 낸 거죠. 죽일 수 있는 방법 중에 가장 쉬운 게 '공산당' 프레임을 뒤집어씌우는 거죠. 그때는 냉전시대니까 공산당이라고만 하면 그냥 어쨌든 죽여도 상관이 없으니까 아무런 재판 없이 그냥…

• **김영순**

이게 4·3 사건의 실화를 주제로 다뤘지만 처음부터 끝까지 흐르는 맥은 사랑이에요. 인선이 엄마가 오빠를 찾아다니는 일련의 과정들과 주인공 경하가 인선이를 위해서 새를 구하기 위해서 제주도에 가서 그 험한 눈 내리는 길을 목숨을 걸고 가는 그런 것도 근본적으로는 사랑이라는 큰 맥이 밑에 흐르는 거죠.

절단된 손가락을 봉합한 수술 부위를 3분마다 끊임없이 찔러대며 강제적으로 피를 내잖아요. 4·3 사건이라는 이 아픈 추억을 계속 되살리자는 거죠. 끊임없이 되살리면서 4·3 사건의 고통을 잊어버리면 안 된다. 작별하면 안 된다고 말하는 거죠.

- **남창희**

불편함을 느낀 게 당연한 책인 거네요.

- **이인주**

그러니까 사실은 인선이 엄마가 주인공이 아닐까 해요. 엄마가 주인공이고 이제 그 후 세대들이 이제 4·3 그걸 어떻게 바라보는가 하는 문제가 남는 거죠. 인선이가 엄마의 행적을 추적하면서 인선이도 그 사건에 대해서 자각하게 되고 또 경하라는 친구도 인선이 때문에 또 그 사건을 내면화하는 거죠.

저도 김영순 선생님이 말씀하신 그런 생각 했어요. 그러니까 손가락을 그냥 잘라버릴 수 있잖아요. 근데 그 환지통이 오래오래 계속된다는 그런 이야기가 나오잖아요.

그러니까 우리가 4·3 사건을 잊어버릴 수도 있는 거죠. 그냥 모른 척할 수 있는데 모른 척하면 역사적 아픔이 해소가 안 되니까 우리는 그 사건을 정면으로 돌파하고 그 고통을 바라보면서 실체를 알아야 된다는 그런 이야기를 하고 있는 것 같았어요.

· **남창희**

인선이가 죽은 거예요?

· **이인주**

안 죽었다고 봐요.

· **김태완**

안 죽었는데 왜 계속 환영이 보이나요?

· **이인주**

소설의 앞부분에 인선이가 사고 났을 때도 엄마가 집에 온 인선이 환영을 보잖아요.

그런 것처럼 굉장한 위기와 고통이 있었지만 끝에는 결국 돌아오는 거겠죠. 마지막에 좀 암시가 돼 있잖아요. 성냥불의 불꽃이 켜지고 경하가 인선이한테 손가락으로 "이제 피를 주겠다.", "손가락을 물리겠다." 이런 식으로 표현하잖아요. 인선이가 죽지 않았다고 보는 게 조금 더 타당할 것 같아요.

죽었는지 안 죽었는지 명확하게는 안 나와 있지만…

· **김영순**

내가 봤을 때 인선이가 살고 죽고는 중요한 건 아닌 것 같아요.

• **이인주**

서술자는 처음에는 막 자살하려고 그러잖아요.

유서를 쓰고 그걸 찢으면서 맨날 하는 말이 작별 인사를 썼다가 찢었다고 하는데 '작별하지 않는다.'라는 말이 4·3 사건을 잊지 말라는 의미도 있지만 '죽지 않는다.' 같은 의미로도 해석이 되지 않을까 싶어요.

자기 인생을 더 이상 포기 안 하는 거죠. 처음에는 죽고 싶었지만 인선이하고 관련된 일을 하면서 이제 생의 의미를 되찾는다고 봐야죠. 이런 가슴 아픈 역사를 계속 고발하고 사람들을 자극하고 이러면서 삶을 살아가는 거죠. 그 고통 속에서 인선이도 함께 가는 거죠. 죽는다고 생각하면 이 소설이 너무 허무하게 끝나잖아요.

• **김태완**

또 하나 이해가 잘 안 가는 게 그 경화가 계속 꿈을 꾸잖아요. 근데 지금 52쪽에 보면 밑에서 한 다섯 번째 줄에 검은 나무들을 심는 프로젝트를 하고 있는데 이게 정확히 뭘 의미하는지를 저는 잘 모르겠어요.

• **김영순**

검은 나무가 상징하는 것이 4·3 때 희생된 사람들의 모습이라고 보면 될 것 같아요.

- **홍성근**

그 희생자들을 위로해 주기 위해서 만든 진혼곡 같은 거죠.

- **남창희**

99개가 무한에 가까운 숫자다 하면서 그래서 99개의 나무를 심어서 그들을 위로하고 싶어 한 것 같아요.

- **김민아**

그게 수학적인 의미로 무한대를 의미해요. 〈은하철도 999〉가 그래서 999거든요 그러니까 100, 1,000은 완성의 숫자라서 은하철도 999가 끝이 없잖아요. 여기도 99가 그 뜻이 완성되지 않는 무한대를 의미하죠.

- **권혁남**

조그마한 아기들에서부터 노인들까지 정확한 희생자 숫자 자체를 파악하는 것이 불가능에 가까운 거거든요.

- **남창희**

저는 이거 읽으면서 수능 감독할 때랑 어제, 오늘이랑 이렇게 읽었는데 뭔가 좀 기분도 안 좋아지고 개인적으로 이런 유형의 책을 읽어본 적도 없고 책이 너무 좀 어두우면 그냥 책을 덮은 것 같아요. 저는 항상 뭔가 좀 밝은, 영화도 그렇고 약간 가볍게 보는 이런 건 좋아하는데 이게 너무 무겁다 보니까, 보면서 되게, 제가 좀 감정 이입을 잘하는 건지 모르겠는데, 좀 우울해지고, 되게 좀 불편한 그런 느낌이 많이 왔던 것 같아요.

• 김영순

불편하죠. 사실이니까…

근데 이렇게 사람의 내면이 이렇게 깊을 수가 있을까?

진짜 우리 주변에 나름대로 살아가면서 나름 힘든 고통의 시간을 보내잖아요.

이렇게 철저하게 깊이 빠져들고 고민하고 힘들어하고 죽음 직전까지 가는 그런 방향으로 가는 사람이 있을까요.

• 김민아

처음에 이 소설이 수필인 줄 알았어요.

• 김영순

한강의 모든 소설이 좀 그렇죠.

《작별》이라는 소설이 있어요. 나는 그건 안 읽고 오디오북으로 통째로 들었는데 그거 한번 읽어보세요. 한강의 삶이 투영되어 있어요.

주인공이 그냥 눈사람이 돼버려요.

눈사람이 돼버리면서 이렇게 심리적으로 소통되는 그 사람하고 서서히 이제 몸이 녹아서 사라지는 그런 일련의 과정을 그리는데.

그거는 좋더라고요. 찡한 그런 게 있더라고요.

- **김태완**

노벨문학상은 그냥 작가한테 주는 거예요? 아니면 어떤 작품에 대한 건가요?

- **이인주**

작가한테 주는 건데 그 작가한테 주는 데 주요한 역할을 한 작품이 있죠. 한강의 경우는 《소년이 온다》가 그 작품이죠.

- **홍성근**

《소년이 온다》도 비슷하게 전개되잖아요.

사실 5·18을 직접 얘기하지 않고 이런 회고를 통해서 5·18을 다루죠.

- **권혁남**

슬픈 역사적인 사건을 주제로 많이 다루죠.

그것 때문에 맨날 이상한 명단에나 올라가고 그러죠.

- **김영순**

있었던 사실인데 그걸 되짚는 게 왜 범죄시되는지…

- **백선진**

지금도 문학상 반대한다고 거기서 시위하는 우리나라 사람들이 있어요.

- **김태완**

그러니까 정치적으로 반대되면은 뭐 다 싫은 거죠.

- **남창희**

제가 생각했을 때는 지금의 정당들은 5·18이나 이런 일들이 일어난 건 둘 다 싫어해야 된다고 봐요. 왜냐하면 역사적인 평가가 다 끝나지 않았나요. '거기를 깨부수고 새로 나온 지점에서부터 갈라져야 하는 게 아닌가.'라는 생각은 계속해요, 둘 다 과거의 아픔을 인정하고 다시는 그런 일이 일어나지 않도록 해야 되는데 왜 그 사람들이 그러는지…

- **이인주**

그렇죠. 역사적 사실이고 이미 교과서에도 실려 있고 하니까 5·18 민주화는 인정해 주고 다시는 그런 일이 일어나지 않도록 해야 한다는 전제 위에서 이제 우파는 우파대로 어떻게 할 건지 좌파는 좌파대로 어떻게 할 건지 그 방안을 찾아야 되는데 학살 자체를 인정하지 않는 것은 너무 끔찍한 일이죠.

• **김영순**

지금 공식 명칭이 5·18 민주화 항쟁 아니에요. 민주화 항쟁으로 이렇게 명칭이 그렇게 정해지지 않았어요. 그 유공자를 다 인정해 주잖아요…

• **권혁남**

인정해 줌에도 불구하고 정치인들이 이용을 하는 거죠.

• **이인주**

다시 소설로 돌아가서 우리는 인선이 엄마처럼 살 수 있을까요?

• **김태완**

안 될 것 같아요. 완전 그냥, 완전히 희생하고 표현도 제대로 못 하고 그걸 다 감내하면서 사는 거잖아요.

그냥 되게 불쌍한 삶을 사는 것 같네요. 저는 전에도 얘기했지만 피해자로 살고 싶지 않아요. 우리나라에서는 피해자는 정말 말 그대로 피해자인 것 같아요. 아무도 봐주지 않는…

• **백선진**

저도 남창희 선생님처럼 영화도 그렇고 좀 이렇게 가슴 아픈 역사를 마주할 용기가 잘 안 생겨요. 그걸 보기가 싫어서 저는 영화도 잘 안 보거든요.

되게 흥행했던 영화 있었잖아요.

- **김태완**

〈서울의 봄〉?

- **김영순**

〈택시운전사〉?

- **백선진**

그런 영화도 잘 안 보거든요. 위안부를 다룬 영화라든지…
그래서 이 책이 읽기가 너무 힘들었어요.

심적으로 항상 그런 걸 좀 거부하던 사람이어서요. 그런데 지금은 한 번쯤은 이거를 좀 깊이 있게 마주해 봐야 되겠다. 이런 생각이 드는데 쉽지가 않더라고요.

그래서 읽었다가 덮었다가 또 처음부터 다시 읽었다가 덮었다가 이걸 한 세 번 정도 했거든요.

이것도 읽어보니까 또 한 문장 한 문장 이렇게 또 문장이 되게 짧잖아요. 짧게, 짧게, 짧게, 이렇게 되니까 계속 집중해서 읽어야 될 것 같더라고요.

그래서 마음의 여유가 지금보다 조금 더 생겼을 때 정독하면 재밌을 것 같다는 생각은 들어요.

마주해 보자, 한번!

• **김태완**

저는 그런 생각이 드는 것도 '약간 그 교육이랑 관계된 게 아닌가.'라는 생각을 하거든요.

그러니까 저 어렸을 때만 해도 그 역사책 끝에 가면 6·25로 끝이지, 그 뒤로 이제 5·18이니 4·3 이런 거에 대한 언급이 아예 없어요.

그러니까 이런 거 자체를 아예 알지도 못하고 그러다가 어느 순간부터 갑자기 이게 이슈가 되는데 슬프고 안타까운 얘기잖아요. 그러니까 감정적으로 힘드니까 거부를 하게 되는 거죠.

근데 '이걸 교육을 받았더라면, 우리의 역사에 대해서 어렸을 때부터 알았다면 이렇게 거부를 많이 했을까.'라는 생각도 좀 들고 그래요.

• **김영순**

홍성근 선생님 있을 때 물어볼걸. 근대사의 어느 선까지 교과서에 실렸는지 되게 궁금하네요.

• **이인주**

옛날에 저희가 학교 다닐 때하고는 많이 달라진 것 같아요. 저희가 학교 다닐 때는 조선 시대까지만 거의 배웠잖아요. 요즘은 근현대사랑 독립운동사를 엄청 많이 배워요. 완전 예전하고는 달라요. 요즘 애들이 우리보다는 좀 더 나은 교육을 받고 있다고 봐야죠.

이 책 어디에 사랑이라는 것은 얼마나 고통스러운 건지 하는 그런 말이 있더라고요.

그래서 이 고통을 기꺼이 지불할 그런 마음이 사랑이라는 생각이 들었어요. 뭔가 고난이 닥쳤을 때 고통을 지불할 마음이 생기지 않으면 그걸 사랑이라고 할 수가 있을까 이런 생각이 들더라고요.

그리고 또 새가 왜 나왔을까? 하는 생각을 해봤어요. 정말 그 앵무새의 생명이 너무 연약하잖아요. 근데 우리 인간의 생명도 너무 연약한 거죠. 누가 부당하게 짓밟으면 힘없는 사람들은 바로 죽을 수밖에 없는 그런 존재들인 거죠.

• **김영순**

하찮은 앵무새를 살리기 위한 그 과정을 보여주면서, 정말 허망하게, 억울하게 죽어간 그 원혼들의 그 죽음을 떠올리게 하죠.

• **이인주**

그렇죠. 그러니까 이렇게 허망하고 연약한 존재인 우리가 그나마 좀 살아가려면 사랑이 있어야 한다 그런 생각을 했어요.

• **권혁남**

우리나라 6·25 전후 그즈음에 정말 사람들을 파리 목숨처럼 죽인 사건들이 너무 많잖아요.

제암리교회 사건도 그냥 다 교회에다 사람들을 가두어 놓고 그냥 불을 확 질러서 죽여버리고 아니면 뭐 1·4 후퇴 때 이럴 적에도 그냥 뭐 반대편들 면사무소에 불러다 놓고 그냥 다 죽여가지고 어떤 동네는 그 동네에 가면 제삿날 같은 집이 되게 여러 집이 있어요.

그런 사건들이 제대로 밝혀지지 않았어요. 그 동네 사람들만 그냥 제삿날만 같을 뿐이에요.

• **김영순**

거대한 역사의 수레바퀴에 깔려 죽은 거지, 그냥 이름도 없이 의미도 없이.

• **이인주**

그러니까 우리같이 평범한 사람들이 사람 대접 받기 시작한 것은 얼마 안 된 거죠. 조선 시대에 대접을 받았겠어요? 일제 강점기에도 얼마나 비참하게 죽었어요. 일제 강점기 끝나고 나서 6·25 전쟁, 독재 시대…

우리가 인간대접 받기 시작한 것은 언제부터일까요?

• **김영순**

민정 들어오고 난 이후부터 그래도 이제 좀 나아지지 않았나요?

• **이인주**

그러니까 불과 한 30년 정도밖에 안 된 거죠.

• **김태완**

선거권을 지니게 된 그 순간부터는 좀 나아졌죠.

• **이인주**

국가 폭력으로 인한 개인의 고통은 무수히 많았죠. 이제 다시는 그런 일이 일어나서는 안 되겠죠.

소설 속으로 다시 돌아오면 인선이 엄마가 인선이 아버지가 뭔가 정신적으로 문제가 있다는 것을 알고서도 그 남자를 만나 인선이를 낳은 거잖아요.

• **김영순**

아버지가 목격자잖아요. 밑에서 애들하고 다 학살되는 과정을 보죠.

• **이인주**

자기 가족을 다 잃었죠.

이 사람이 나중에 인선이를 데리고 동굴에 가서 숨잖아요. 정신이 온전치 못하잖아요. 온전치 못한 걸 알면서도 인선이 엄마가 결혼한 것 같아요. 인선이 어머니가 정말 대단한 사람이죠. 그러니까 우리가 보통 들이대는 결혼의 잣대하고는 다른 거죠. 그 상처를 치유해 주고 싶은 사랑이 있는 거죠.

- **김영순**

그러니까 인선이도 결국은 상처받은 엄마를 말년에 모시잖아요. 그러면서 사랑이 대물림되는 거죠. 또 친구가 인선이를 위해서 제주도에 가기도 하고.

- **김태완**

좋은 게 좀 대물림돼야 되는데 너무 가슴 아픈 사랑은…

- **권혁남**

사랑이 아니야?

- **이인주**

그러면 어떡할 거예요, 이미 일어나는 일을…

- **권혁남**

아니야. 사랑은 가슴 아플 수밖에 없고, 힘들 수밖에 없어.

- **김영순**

다시는 진짜 이런 역사가 반복되는 일이 없어야 될 텐데 나는 진짜 그 생각만 간절히 들더라고요.

- 이인주

전쟁이 일어나거나 하면 또 반복될 수도 있는 거죠.
전쟁이 일어나면 이런 비극이 다시 시작된다고 봐야죠.
전쟁이 일어나면 사람이 사람으로 안 보이니까.

- 김태완

근데 전쟁은 어지간하면 안 일어나잖아요.

- 이인주

일어났죠. 우크라이나와 러시아. 이제 북한도 개입했고…

- 김태완

북한이 만약에 남한을 상대로 전쟁을 일으키면 그 정권은 그냥 끝나는 거예요.
물론 남한도 그냥 엄청 피해를 입겠지만 개네도 그런 생각이 있기 때문에 쉽게 전쟁은 일어나지 않을 거예요.

- 백선진

사회가 안정되어야 개인의 삶도 안정되는 거니까 정치인들을 잘 뽑아야 될 것 같아요.

- **이인주**

그렇죠. 나 혼자 평화롭게 살 수는 없는 거죠.

- **김태완**

한강 작가의 작품은 틈이 없어요. 눈물을 흘리면서 가슴을 쥐어뜯으면서 읽어야 해요.

- **권혁남**

아니 머리를 쥐어뜯어야 해요.

- **남창희**

다음 책은 가벼운 것 보면 안 돼요?. 학교 상황도 너무 무거운 이때에…

- **이인주**

가볍고 따뜻한 사랑 이야기 뭐 이런 것 추천 바랍니다.

- **남창희**

베스트셀러에 다 한강밖에 없네요.

- **김태완**

낙동강 뭐 이런 것 없나요?

- **이인주**

후후.

더 찾아보시도록 하십시오.

11월 26일에 박일관 선생님 초청 강연 있습니다. 오시기 전에《혁신학교 2.0》다 읽고 저자에게 질문할 거리 준비해 주세요.

감사합니다.